W0173919

Mark Spörrle

Aber dieses Jahr
schenken wir uns nichts!

Geschichten vom
weihnachtlichen Wahnsinn

Mit Illustrationen von Sabine Völkers

Rowohlt Taschenbuch Verlag

Originalausgabe
Veröffentlicht im Rowohlt Taschenbuch Verlag, Reinbek
bei Hamburg, November 2008
Copyright © 2008 by Rowohlt Verlag GmbH,
Reinbek bei Hamburg
Umschlaggestaltung: any.way, Cathrin Günther
(Illustration Umschlag und Innenteil: Sabine Völkers)
Satz aus der Documenta (InDesign)
Gesamtherstellung
CPI books GmbH, Leck, Germany
ISBN 978 3 499 24720 0

15. Auflage September 2017

Das für dieses Buch verwendete Papier ist FSC®-zertifiziert.

Für Stella, wegen der dieses Buch fast nicht möglich gewesen wäre.
Und für Anne und Jürgen und natürlich ganz besonders für Sabeth, die es doch möglich gemacht haben.

Inhalt

Dieses Jahr schenken wir uns nichts!

Lass es uns dieses Jahr anders machen», sagte meine Liebste. «Lass uns auf den ganzen Vorweihnachtsstress verzichten! Lass uns lieber mehr Zeit haben, auch füreinander ... »

«Gerne», rief ich. «Nur wie?»

«Ganz einfach», sagte meine Liebste, «dieses Jahr schenken wir uns nichts!»

Ich lächelte skeptisch. «Das haben schon andere versucht. Barbara und Till vor zwei Jahren zum Beispiel – weißt du noch, wie sie am Ende heimlich doch Geschenke besorgt hatten und Heiligabend alles brüllend aus dem Fenster warfen? Und dieser wahnsinnige Schriftsteller, der die eigenen Hemden, die seine Frau aus der Reinigung geholt hatte, in Stücke schnitt, weil er dachte, sie seien Geschenke von ihr? Also, ganz ehrlich – ich habe auf so etwas keine Lust!»

Am Ende leisteten wir einen feierlichen Schwur: Wir beide würden uns dieses Jahr nichts zu Weihnachten schenken. Keine Kleinigkeit. Nichts. Rein gar nichts.

Wir unterrichteten Freunde, Bekannte und Verwandte. Ich malte zwei große Transparente, die wir im Hausflur und an unserer Wohnungstür aufhängten («Dieses Jahr schenken wir uns nichts!»), und meine Liebste legte sämtliche verfügbaren Geldsummen auf unseren Bankkonten bis Anfang Januar als Festgeld an.

Tatsächlich verliefen die ersten Tage der Adventszeit so entspannt wie noch nie.

Als wir im Schaufenster der Galerie an der Ecke zufälligerweise dieses blaue Gemälde mit dem Leuchtturm und den Möwen entdeckten, das stilistisch und farblich genau das war, was wir immer fürs Schlafzimmer gesucht hatten, schüttelte ich nur bedauernd den Kopf. «Vielleicht ist es ja nach Weihnachten noch da», sagte ich nebenbei.

«Ich schätze nicht», sagte meine Liebste gleichgültig. «Es ist sehr schön. Aber das macht nichts. Wir werden ein anderes finden. Oder auch nicht. Schlimmstenfalls suchen wir eben noch ein Jahr.»

«Oder auch zwei», sagte ich schulterzuckend und wich einer der traurigen Gestalten aus, die mit bunten überfüllten Tüten an uns vorbeihetzten.

Nur um sicherzugehen, klingelte ich noch am selben Abend bei unseren Nachbarn und bat sie, uns in den nächsten Wochen noch genauer als sonst zu beobachten: Sobald sie einen von uns mit einem Geschenk für den anderen erwischten, beispielsweise mit einem blauen Gemälde, sollten sie es konfiszieren und nach Belieben verwenden.

«Ihr seid sicher, dass ihr euch nicht trotzdem etwas schenken wollt?», fragte Martina von nebenan mit ungläubigem Lächeln. «Nicht mal eine Kleinigkeit?»

«Genau», sagte ich. «Und wir zählen auf eure Hilfe!»

«Aber sich Weihnachten gar nichts zu schenken», rief Martina mir nach, «absolut gar nichts, ist das nicht – herzlos?»

Kopfschüttelnd ging ich in unsere Wohnung zurück.

«Wir bleiben doch dabei», fragte ich meine Liebste beiläufig beim Abendessen. «Dieses Jahr schenken wir uns nichts, oder?»

«Selbstverständlich», sagte sie. «Wieso fragst du?»

Später, wir unterhielten uns über die Tankstelle ein paar Straßen weiter, die seit Tagen geschlossen war, obwohl der Tankwart mir noch zwei Euro schuldete, wechselte meine Liebste nur eine Spur zu abrupt das Thema und erzählte, dass es in dem Delikatessgeschäft neben der Tankstelle tolle neue handgeschöpfte Zartbitterschokoladen gebe, unter anderem mit Biopflaumen und Erdnusspfeffer.

Dabei, fiel mir plötzlich auf, beobachtete sie genau, wie ich reagierte.

«Äh», sagte ich. «Nur, um ganz sicher zu sein: Dass wir uns nichts schenken, gilt auch für Kleinigkeiten wie etwa Schokolade, richtig?»

«Genau», sagte meine Liebste bemüht unschuldig. «Wieso fragst du?»

«Ach, nur so», sagte ich und bemühte mich, meine Enttäuschung zu verbergen. Frauen sind manchmal zu leicht zu durchschauen.

Unglücklicherweise fuhr ich ein paar Tage später mit unserer Nachbarin Martina im Fahrstuhl, als mein Handy zu klingeln begann. Als ich es hastig aus der Tasche zerrte, rutschten die belgischen Pralinen, die ich bei dem völlig überlaufenen Chocolatier in der Innenstadt gekauft hatte, gleich mit heraus.

«Tut mir leid», sagte Martina und hob die Packung vom Boden auf. «Aber das sieht mir schwer nach einem Weihnachtsgeschenk aus. Oder habt ihr es euch anders überlegt ...?»

«Nein», seufzte ich. «Nein, haben wir nicht. Es war ein Ausrutscher, eine Gedankenlosigkeit.»

«Macht ja nichts», lächelte Martina. «Ich liebe belgische Pralinen.»

Vielleicht war es besser so gewesen. Am nächsten Morgen, als ich nach dem Frühstück eine Idee notieren wollte, merkte ich, dass die Mine meines Kugelschreibers fast leer war.

«Den hast du auch schon ewig, richtig?», fragte meine Liebste und griff nach dem Stift.

«Ich muss nur eine neue Mine kaufen», sagte ich.

«Ob sich das noch lohnt?», fragte sie und gab ihn mir schnell zurück, als sie meinen Blick bemerkte.

Aber ich wusste Bescheid.

In der U-Bahn kam mir die angemessene Gegenidee: Ihr alter Geldbeutel war nur noch ein formloser Klumpen. Ich beschloss, mein anstehendes Mittagessen mit einem Geschäftspartner in einen Schnellimbiss zu verlegen, ihr von dem gesparten Geld ein neues Portemonnaie zu kaufen und es in unsere Wohnung zu schmuggeln; am nächsten Donnerstag, denn donnerstags arbeitete unsere Nachbarin Martina immer bis spätabends.

Vor dem Aufzug lungerte dafür ihr Mann Dittmar mit einem Buch in der Hand herum.

«Na endlich», sagte er und begann mit geübten Bewegungen meine Taschen zu filzen.

Es dauerte kaum eine halbe Minute, bis er den Geldbeutel in meiner Butterbrotdose gefunden hatte.

«Sorry», sagte Dittmar und ließ ihn in seine Tasche gleiten. «Aber ihr habt es selber so gewollt ...!»

Meine Liebste hatte in Sachen Kugelschreiber offenbar auch keinen Erfolg gehabt. Tage später zupfte sie am Ärmel meines schwarzen Lieblingssakkos, das ich eben mit aller Kraft schloss.

«Irgendwann brauchst du mal ein neues», murmelte sie leise.

Ich hatte es trotzdem gehört.

Im Kaufhaus in der City fand ich einen kuscheligen Bademantel, genau so einen, wie sie schon immer gewollt hatte. Ich tauschte ihn gegen zwei noch originalverpackte Hemden ein, die ich erst kürzlich dort gekauft hatte.

Auf dem Heimweg zog ich den Bademantel unter meinen langen Mantel, mied in unserem Haus den Aufzug und nahm die Treppe.

Unser Nachbar von ganz unten, der an seiner Wohnungstür lehnte, ließ sich mit der hübsch verpackten, aber völlig leeren Pappschachtel aus meinem Rucksack abspeisen. An der alten Frau Schmidtke, die gerade vor ihrer Tür wischte, huschte ich mit kurzem Gruß vorbei. Doch dabei verheddert sich mein Fuß im Saum des Bademantels.

Während ich noch stürzte, war Frau Schmidtke mit einem für ihr Alter erstaunlichen Satz bei mir. Sie schlug meinen Mantel auseinander und sah mich vorwurfsvoll an.

«Wenn Sie mich austricksen wollen, müssen Sie früher aufstehen!», sagte sie. «Oder haben Sie beide etwa Ihren Schwur gebrochen?»

Am nächsten Tag humpelte ich zum Elektroladen.

Dort gab es den beleuchteten Schminkspiegel, den sich meine Liebste schon vor Jahren gewünscht hatte und der ihr immer zu teuer gewesen war. Der Ladenbesitzer erklärte sich einverstanden mit null Euro Anzahlung und hochverzinsten Raten über ein halbes Jahr. Dafür würde er, verkleidet als Stromableser, den Spiegel am folgenden Tag unauffällig liefern und montieren.

«Entschuldigung», sagte der Mann, der neben mir an der Ladentheke stand. «Das sollten Sie sich besser noch einmal überlegen.»

Es war unser Nachbar Professor Pöppelmann.

Ich tat, als hätte ich vor lauter Arbeit ganz vergessen, dass Weihnachten noch nicht vorbei war.

«Es bleibt doch dabei», beharrte ich abends meiner Liebsten gegenüber. «Wir schenken uns dieses Jahr nichts? Wir haben geschworen, dass wir uns nichts schenken, und wir bleiben auch dabei, ist das richtig?»

«Ja, sicher», sagte meine Liebste verwundert. «Das haben wir geschworen, und es bleibt dabei.»

«Wärst du bereit, es noch einmal zu schwören?», hakte ich nach.

«Warum nicht?», lachte sie und hob die Finger. «Ich schwöre feierlich: Dieses Jahr schenken wir uns nichts!»

Ich hätte ihr fast geglaubt. Allerdings sah ich kurz darauf, als ich am Geschäft Nummer eins für Fitnessbedarf vorbeilief, eine gutaussehende Frau, die sich an den Design-Rudermaschinen beraten ließ. Ich brauchte kein zweites Mal hinzusehen, um zu wissen, dass es meine Frau war.

Am letzten verkaufsoffenen Tag vor Weihnachten hatte ich die rettende Idee. Ich installierte am Fenster im Arbeitszimmer einen Flaschenzug mit einem langen Seil, das bis auf die Straße reichte, verließ harmlos pfeifend das Haus und huschte, als die Straße menschenleer war, gebückt in die Galerie an der Ecke.

«Ich interessiere mich für das blaue Bild mit dem Leuchtturm und den Möwen», raunte ich der Verkäuferin zu. «Ich bin zurzeit mit Geld etwas knapp, aber ich möchte Ihnen als Pfand meine Uhr anbieten; sie ist mindestens dreimal so viel wert…»

«Nicht nötig», sagte die Verkäuferin. «Das Bild haben wir heute Morgen verkauft.»

Ich musste nicht fragen, an wen. Meine Liebste hatte mich mit der Rudermaschine in die Irre geführt, um mir dann das Bild vor der Nase wegzuschnappen.

Alles, was ich noch tun konnte, war, einen Gutschein für eine Kurzreise nach Venedig zu basteln, in mühsam bemaltes Zeitungspapier einzuschlagen (wir hatten vorsichtshalber sämtliche Weihnachtspapierreste vom letzten Jahr verbrannt) und in meinem Sakko zu verstecken, bis wir beide an Heiligabend den Weihnachtsbaum entzündeten, uns umarmten und uns, wie geschworen, ganz ohne Geschenke, Frohe Weihnachten wünschten.

«Ich bin froh, dass wir unser Versprechen durchgehalten und uns wirklich nichts geschenkt haben», sagte meine Liebste. «So eine erholsame Vorweihnachtzeit hatte ich noch nie. Lass uns das nächstes Jahr wieder machen!»

«Gerne», sagte ich erleichtert. Später ließ ich das Päckchen aus meiner Sakkotasche ins Altpapier gleiten.

Das blaue Gemälde mit dem Leuchtturm und den Möwen wurde zu Silvester geliefert.

Die Schwuchtel-Tasche

Kurz vor Weihnachten betrat meine Kollegin Lucia mein Büro, schloss die Tür hinter sich und schwenkte etwas.

«Wie findest du diese Tasche?», fragte sie.

Auf den ersten Blick fiel mir nichts auf. Auf den zweiten Blick bemerkte ich, dass die Tasche an den Seiten nach oben zulief und einen aufgesetzten Henkel hatte. Etwa in der Art, wie die Taschen, die die alten Tanten in den Agatha-Christie-Filmen tragen, bevor sie ermordet werden.

«Eine typische Tantentasche», sagte ich. «Hat die jemand hier stehen lassen?»

Lucia sah mich mit leichter Verunsicherung an. «Ich habe sie gerade gekauft», erklärte sie.

«Oh, entschuldige», sagte ich schnell. «Ich wusste nicht … Die Frauentaschen sind jetzt wohl wieder so geformt?»

«Die Tasche ist nicht für mich», korrigierte Lucia tapfer. «Sie ist für Jens.»

Jens ist ihr Lebensgefährte.

«Oh», sagte ich. Und weil mir auch nach einer spannungsgeladenen Pause nichts anderes einfiel, nahm ich den Telefonhörer ab und tat, als befrage ich das Sekretariat nach einem mysteriösen unfrankierten Brief, der auf meinem Schreibtisch gelandet war.

Als ich auflegte, war Lucia immer noch da.

«Ich bitte dich, sei ehrlich», sagte sie. «Eignet sich diese Tasche als Weihnachtsgeschenk?»

«Auf jeden Fall», sagte ich.

«Für einen Mann?», beharrte sie.

«Auf jeden Fall!», sagte ich, bemüht, meine Stimme beruhigend klingen zu lassen.

«Für Jens?»

Ich stieß die Luft aus. Ich bin ein ehrlicher Mensch, und Jens ist ein netter Kerl.

«Ich weiß nicht, wie Jens das sieht», sagte ich heftig überlegend. «Ich glaube – aber das ist nur meine Meinung –, dass Männer eher quadratische Taschen mögen. Taschen, die nach Ecken und Kanten, nach echtem Kerl, zumindest nach tollem Laptop aussehen. Vielleicht wäre diese Tasche eher etwas für – Torsten?»

Torsten war ein lieber Kollege, der sehr schwul war.

Lucia starrte mich an.

«Du willst sagen, dass diese Tasche schwul aussieht?», fragte sie.

«Wenn ein Mann sie trägt, vielleicht ein bisschen», räumte ich ein. «Aber wie gesagt, das ist nur meine Ansicht, vielleicht sieht Jens das ganz anders. Und vielleicht will er damit auch ganz andere Dinge als einen Laptop transportieren. Zusammengefaltetes Kuchenpapier zum Beispiel oder diese knautschbaren Sonnenhüte…»

«Es ist eine Laptoptasche», sagte Lucia.

Ich schwieg ratlos. Meinen Telefontrick hatte ich ja schon aufgebraucht.

«Er hatte bis jetzt immer quadratische Laptoptaschen», fuhr Lucia nach einer Weile fort.

«Aber quadratische Taschen – gefallen dir nicht?», fragte ich vorsichtig.

«Das ist es nicht», sagte Lucia. «Es kommt auf die Fächereinteilung an. Jens braucht vier Fächer: eins für den Laptop, eins für Unterlagen, eins für Getränke und Reiseproviant und eins für Wechselwäsche. Proviant und Wäsche müssen unbedingt, darauf besteht er, in zwei unterschiedlichen Fächern sein, sonst kommt es zu einer Katastrophe wie damals in Stockholm.»

«Eine Katastrophe?», fragte ich interessiert.

«Er war nur ein einziges Mal mit einer Dreifachtasche unterwegs, zu einem Kongress in Stockholm. Und während seines Vortrags musste er sich ständig kratzen, weil Krümel von seinen Schinkenbroten in die Wechselunterwäsche geraten waren. Seitdem fasst er keine Laptoptasche mehr an, die nicht wenigstens vier Fächer hat. Aber dieses Jahr hat offenbar jede Laptoptasche mit einer solchen Facheinteilung diese nach oben zulaufende Form.»

Es klopfte. Unser Kollege Frank riss kaugummikauend die Tür auf, schmiss ein paar Papiere auf meinen Schreibtisch, nickte uns zu, warf einen irritierten Seitenblick auf die Tasche, zog die Augenbrauen hoch und verschwand wieder.

«Ich gucke heute Abend nochmal», sagte Lucia. «Vielleicht gibt es irgendwo noch ein Modell vom letzten Jahr.»

Am nächsten Tag traf ich sie auf dem Flur, im Arm eine große Tüte.

«Und?», fragte ich.

Sie zog eine Tasche aus der Tüte.

Ich konnte keinen signifikanten Unterschied zur Tasche von gestern feststellen.

«Es ist dieselbe», klärte mich Lucia auf. «Ich habe heute Morgen nochmal mit dem Verkäufer gesprochen: Was du für schwul hältst, ist einfach nur ein neues Design für anspruchsvolle moderne Geschäftsleute.»

«Ja, das hat der Verkäufer gesagt», erklärte ich nachsichtig.

«Ja, das hat der Verkäufer gesagt», rief Lucia. «Warum auch nicht?»

Sie hielt den zufällig vorbeikommenden stellvertretenden Pförtner auf: «Darf ich Sie schnell etwas fragen: Wie finden Sie diese Tasche?»

«Steht Ihnen gut, sehr feminin», lächelte der ältere Herr charmant. «Meine Frau hat auch noch so eine im Schrank.»

«Hör auf, so zu grinsen», sagte Lucia, nachdem der arme Mann schnell weitergegangen war. «Komm lieber mit, wenn du alles besser weißt.»

Die Taschenabteilung im Kaufhaus schien mir deutlich überdimensioniert dafür, dass sie angeblich so wenig Laptoptaschenalternativen bot.

«Ah, Sie haben den Liebsten gleich mitgebracht», sagte der schnauzbärtige Verkäufer und trat mit öligem Lächeln näher.

«Nein, ich bin nur ein Kollege», sagte ich verbindlich. «Ich kann es gar nicht glauben, dass Sie keine andere Laptoptasche haben.»

«Oh, Sie sind Taschenexperte», lächelte der Verkäufer süffisant. «Ich habe es dieser Dame schon gesagt: Wenn Sie eine Laptoptasche mit Viererfachaufteilung haben wollen, ist diese Form die einzige, die Ihnen in dieser Saison zur Verfügung steht.»

«Ich bin kein Taschenexperte», stellte ich richtig. «Aber sind Sie sicher, dass diese Tasche für einen Mann gedacht ist? Diese nach oben zulaufende Form wirkt doch ziemlich tantenhaft, finden Sie nicht?»

Der Verkäufer riss die Augen auf, als habe ich behauptet, die Tasche sei ein gefrorener Lachs.

«Tantenhaft?», fragte er. «Das sind modische Laptoptaschen für den stilbewussten Herren.»

«Die Tasche sieht also nicht – schwul aus?», fragte Lucia.

Der Verkäufer stieß ein geübtes Lachen aus.

«Also, meine Dame, ich sagte Ihnen ja schon, Sie müssen auch in dieser Hinsicht nicht die geringsten Bedenken haben. Übrigens ist das Material dasselbe, aus dem sonst schusssichere Westen gefertigt werden. Lassen Sie sich nicht verunsichern: Diese Tasche wird Ihrem Mann gefallen, dafür lege ich meine Hand ins Feuer!»

«Er hat vermutlich recht», sagte ich, als wir mit der Tasche zum Büro zurückgingen. «Und sicher sieht dein Jens das gar nicht so eng. Es gibt viele Männer, denen es zum Beispiel auch egal ist, welche Hemdenmarke sie tragen.»

«Nein, das ist Jens nicht egal … », begann Lucia, doch dann stockte sie und starrte mich mit verzweifeltem Blick an, während ich im Geiste mein Hemdenbeispiel verfluchte.

«Muss es denn unbedingt eine Tasche sein?», fragte ich schnell.

«Leider, er hat sich ausdrücklich eine gewünscht», stöhnte Lucia. «Aber ich weiß, was wir machen: Wir fragen Torsten. Oder nein: Wir fragen ihn nicht! Wir bitten ihn zu mir ins Büro, wedeln beiläufig mit der Tasche und gucken, wie er reagiert.»

Torsten machte es uns leicht. Er betrat den Raum, sah die Tasche, die mitten im Raum stand, und rief laut lachend: «Hey, was für eine ent-zü-cken-de Tasche! Ein Geschenk für mich? Ihr Lieben!»

Als er wieder gegangen war, saß Lucia stumm da und biss sich auf die Unterlippe.

«Hör mal», sagte ich beruhigend. «Dass Torsten so euphorisch reagiert hat, muss nicht allzu viel bedeuten. Es gibt schließlich Taschen, die gefallen ALLEN Männern, ganz egal, welche sexuellen Vorlieben sie haben.»

«Ich gehe nochmal zu diesem Verkäufer», zischte Lucia. «Und du kommst bitte mit! Nicht dass Jens am Ende noch denkt, ich halte ihn für unmännlich.»

Mittlerweile bereute ich bitterlich, mich jemals in diese Taschenangelegenheit eingemischt zu haben. Der Taschenverkäufer offenbar auch. Er zuckte erkennbar zusammen, als wir auf ihn zusteuerten.

Lucia umriss kurz, warum sie die Tasche nun doch zurückgeben müsse.

Der Verkäufer lachte ostentativ beruhigend. «Aber ich habe Ihnen doch gesagt, dass Sie sich keine Sorgen machen müssen. Vielleicht sollten Sie das, was dieser Herr hier Ihnen sagt, nicht ganz so …»

«Darum geht es nicht», unterbrach ich ihn schnell. «Es geht um die Frage, ob diese Tasche hier wirklich für heterosexuelle Männer geeignet ist. Wenn nicht, dann ist dagegen natürlich auch nichts zu sagen. Aber es wäre fatal, wenn diese Tasche völlig falsche Signale über ihren Träger aussenden würde, ohne dass dieser zumindest Bescheid wüsste, um welche Signale es sich handelt. Verstehen Sie?»

Der Verkäufer starrte mich an und suchte nach Worten.

«Das ist doch Unsinn», rief er. «Ich habe Ihnen doch gesagt …»

«Das weiß ich», unterbrach ich ihn erneut. «Aber haben Sie auch die Wahrheit gesagt? Oder müssen Sie nur auf Anweisung Ihres Chefs mit allen Mitteln versuchen, eine Überschussproduktion der Schwulenlaptoptaschenindustrie zu verkaufen?»

Der Verkäufer lief rot an.

«Das ist doch nicht zu glauben!», rief er. «Also, jetzt demonstriere ich Ihnen mal etwas, meine Dame. Sehe ich vielleicht schwul aus?»

«Nein», sagte Lucia.

«Gut», rief der Verkäufer. «Dann geben Sie mir die Tasche. Na, geben Sie sie schon her! Und jetzt sagen Sie mir mal, wie das hier aussieht.»

Die Tasche in der Hand, begann er vor den Kofferregalen auf- und abzumarschieren.

«Und?», rief er, die Tasche übertrieben schlenkernd. «Sie wollen doch nicht behaupten, dass das schwul aussieht!»

Skeptisch wog ich den Kopf hin und her und zuckte die Schultern.

Wütend schlenkerte er die Tasche noch heftiger.

«Sie wollen doch nicht ernsthaft sagen, dass ich mit dieser Tasche in der Hand schwul aussehe?», schrie er. «Dass ich mit dieser wunderbaren Tasche aussehe wie eine Schwuchtel! Unterstehen Sie sich, mir zu sagen, dass ich aussehe wie eine Schwuchtel!»

«Was denken Sie?», fragte ich die knapp zwei Dutzend Kunden, die fasziniert stehen geblieben waren. «Sieht er aus wie eine Schwuchtel?»

Ein paar der Zuschauer nickten.

«Sehen Sie!», sagte ich zum mittlerweile puterrot angelaufenen Verkäufer.

«Bitte zeigen Sie uns nochmal die Alternativen», bat Lucia ihn.

Der Verkäufer durchbrach aufschluchzend den Kordon der Umstehenden und verschwand.

«Mein Kollege sagte Ihnen doch schon, es gibt kein anderes

Vierfachmodell», erklärte ein jüngerer Verkäufer, der nach Ewigkeiten erschien «Warum auch? Alle tragen jetzt solche Taschen, wirklich alle – Brad Pitt, Robert de Niro, Julio Iglesias! Und die Tasche, die Sie ausgesucht haben, ist Spitzenklasse. Federleicht, und sie hält ewig! Zehn Jahre Garantie! Schusssichere Reißverschlüsse! Ein hervorragendes Weihnachtsgeschenk!»

Lucia nahm die Tasche wieder mit. Der junge Verkäufer folgte uns bis zum Ausgang, um sich davon zu überzeugen, dass wir das Kaufhaus auch wirklich verließen.

«Bitte, lass uns nicht mehr über Taschen sprechen», sagte Lucia auf dem Rückweg ins Büro.

«Einverstanden», sagte ich erleichtert. «Und sollte Jens die Tasche wirklich nicht gefallen, kann er sie ja immer noch …»

«Moment mal», unterbrach sie mich. «Ist es nicht merkwürdig? Wir gehen hier durch die volle Fußgängerzone, und ich habe noch keinen einzigen Mann mit einer Laptoptasche wie dieser gesehen. Dafür aber jede Menge Männer mit einer rechteckigen Tasche.»

«Das hat nichts zu bedeuten», sagte ich. «Weißt du, als Mann ist man heilfroh, wenn man einmal eine Tasche hat. Man verspürt nicht den Drang, alle paar Monate eine neue zu kaufen, wie es Frauen tun.»

Aber Lucia hörte nicht zu. «Es muss doch irgendjemanden geben, der mit so einem Ding herumläuft», rief sie. «Komm, wir gehen zum Bahnhof, da kommen viele Geschäftsleute an.»

«Lucia», sagte ich, «ich habe noch viel zu tun. Ich glaube, du auch. Ich weiß nicht, ob wir wirklich …»

«O doch!», rief sie. «O doch!»

Am Bahnhof hatten wir tatsächlich Erfolg. Nach zwei Fehlalarmen (in beiden Fällen handelte es sich um ältere Damen) entstieg dem Zug aus Kiel tatsächlich ein Mann, der eine solche Tasche trug. Er sah nicht besonders schwul aus.

«Ja», sagte er verwundert auf Lucias Frage hin. «Ich habe die Tasche vor ein paar Wochen gekauft, meine alte ist samt Laptop gestohlen worden. Warum wollen Sie das wissen?»

«Entschuldigen Sie noch eine weitere Frage», sagte Lucia. «Hatten Sie aufgrund dieser Tasche … äh, also ungewöhnliche Begegnungen? Seltsame Erlebnisse?»

Der Mann sah sie verdutzt an.

«Sind Sie vielleicht spontan angesprochen worden?», assistierte ich. «Von Leuten, denen Ihre Tasche außergewöhnlich gut gefiel? Oder die aufgrund Ihrer Tasche vielleicht Lust hatten, Sie näher kennenzulernen.»

«Sie sind nicht zufälligerweise schwul?», kürzte Lucia das Gespräch ab.

Der Mann machte ein paar Schritte rückwärts und sah uns mit flackerndem Blick an.

«Lassen Sie mich in Ruhe», rief er, die Tasche fest umklammernd, «lassen Sie mich in Ruhe und gehen Sie, sonst rufe ich die Polizei!»

Wir verließen den Bahnhof schnell und schweigend.

«Ich weiß, wie wir es herausfinden», sagte Lucia plötzlich, zog die Tasche aus der Einkaufstüte und drückte sie mir in die Hand. «Du trägst sie in der Hand zurück ins Büro. Und ich beobachte die Reaktion der Leute!»

Ich war froh, dass ich an diesem Tag meine Sonnenbrille dabeihatte.

In Sichtweite des Büroeingangs zog Lucia Bilanz: «Du hast siebenmal Aufmerksamkeit erregt. Wobei du einmal gegen den Zeitungsständer gelaufen bist, das zählt nicht. Dreimal haben dir Frauen zugelächelt – und dreimal Männer. Lächeln dir auch sonst Männer zu?»

«Nicht dass ich wüsste», sagte ich. «Männer haben mir zugelächelt?»

«Dir – oder der Tasche», sagte Lucia.

«Haben sie belustigt gelächelt?», fragte ich. «Mitleidig? Anzüglich?»

«Ich weiß es nicht», sagte Lucia. «Ich konnte es nicht erkennen.»

«Vielleicht könntest du für die Tasche ja sicherheitshalber einen Überzug anfertigen lassen», schlug ich vor, «einen Überzug, der simuliert, dass sie oben genauso breit ist wie unten?»

Lucia schwieg.

Um 16 Uhr begann bei ihr im Zimmer die Konferenz. Topic eins war die Taschenfrage. In einer offenen Abstimmung sprachen sich sechs der elf Anwesenden gegen die Tasche für Jens aus. Vier enthielten sich. Übrig blieb Torsten, der die Tasche unbedingt haben wollte, sich aber nicht definitiv festlegen konnte, ob er diesen Wunsch vor allem aufgrund seines Schwulseins hegte. Er bot aber an, die Tasche noch am selben Abend mit in einschlägige Kneipen zu nehmen und qualifizierte Meinungen aus der Szene einzuholen.

«O ja, bitte mach das», sagte Lucia dankbar. «Und nimm die Tasche schnell mit, bevor Jens mich gleich abholt ... »

Doch Jens schob sich bereits durch die Tür, nickte uns zu und küsste Lucia.

Dann sah er die Tasche in Torstens Hand. Wir erstarrten.

«Das ist doch mal eine schöne Laptoptasche!», rief Jens strahlend. «Können Sie mir sagen, wo Sie die herhaben?»

Stille Nacht, helle Nacht

Eines Abends, nachdem wir die Vorhänge zugezogen hatten und im Bett lagen, fiel mir auf, dass etwas anders war.

Kurz darauf setzte sich auch meine Liebste auf.

«Hier stimmt etwas nicht!», hauchte sie.

Wir bewegten uns sicherheitshalber nicht. Jedenfalls so lange nicht, bis uns auffiel, dass es in unserem Schlafzimmer ungewöhnlich hell war. Und das Licht kam von draußen.

Als wir gefasst ans Fenster traten, sahen wir, dass es an der überdimensionalen Lichterkette lag, die die Nachbarn auf der anderen Straßenseite mehrfach um ihr Balkongeländer gewunden hatten.

Lächelnd legten wir uns wieder hin.

Als ich am nächsten Abend das Schlafzimmerfenster zum Lüften öffnete, sah ich, dass noch drei weitere Lichterketten hinzugekommen waren. Eine davon streute bläuliches Licht, das für einen Kühltransporter die ideale Innenbeleuchtung gewesen wäre.

Unsere Vorhänge halten ganz gut dicht, wenn man sie präzise zuzieht. Kichernd dachten wir beim Einschlafen an die Besitzer der eiskalten Lichterkette, die sich in den nächsten Wochen vergeblich fragen würden, warum bei ihnen keine rechte Weihnachtsstimmung aufkäme.

«Oder vielleicht merken sie es noch», sagte meine Liebste, «und das blaue Licht ist in zwei, drei Nächten wieder aus.»

Es war umgekehrt. Zwei Abende später trug auch ein

Balkon an unserem Haus eine bläuliche Lichterkette. Und am Haus gegenüber prangte eine weitere – glücklicherweise ein Stück weiter weg und in pink-neonfarben.

«Schlechter Geschmack hin oder her», sagte ich, «wir können noch froh sein, dass in dieser Gegend im Verhältnis ganz vernünftige Leute leben. Auf dem Heimweg bin ich an einem Haus vorbeigefahren, an dem jeder, wirklich jeder Balkon mit Lichtern behängt war. Nicht nur mit kleinen Lichterketten, nein, das waren Riesendinger!»

«So etwas wie das da?», fragte meine Liebste und zeigte aus dem Fenster.

Auf dem Balkon genau uns gegenüber waren vermummte Gestalten dabei, etwas anzubringen, das groß wie ein Fußballtor, aber glücklicherweise nicht beleuchtet war.

«Mach dir keine Sorgen», sagte meine Liebste sarkastisch, «sie werden es beleuchten, sobald sie im Baumarkt die zehn Verlängerungskabel gekauft haben.»

Sie behielt recht.

Die unzähligen Birnen des Lichtertors waren unnatürlich grellgelb, was allem, was in unserem Schlafzimmer geschah, eine comichafte Atmosphäre verlieh.

«Wozu haben wir die teure Doppelcouch in unserem Gästezimmer?», fragte ich. «Lass uns umziehen, bis Weihnachten vorbei ist.»

Das Gästezimmer lag über Eck und zu einer ruhigeren Nebenstraße hin, in der – wie in Nebenstraßen allgemein üblich – die vernünftigeren Leute wohnten. Um Viertel nach elf, wir waren gerade dabei, unser Bettzeug umzuräumen, fuhr ein Notarztwagen mit grellorangem Blinklicht in die Straße und blieb dort lange stehen.

«Nicht dass der alten Frau Schmidtke etwas passiert ist»,

sagte ich schließlich. «Sie hatte doch immer diese Kreislauf-probleme ...»

Meine Liebste blickte aus dem Fenster und stieß einen ge-quälten Laut aus.

Ich sah ihr über die Schulter.

Das Blinken kam nicht von einem Notarztwagen. Es kam von den drei Fenstern schräg gegenüber. Über jedem dieser Fenster formten grellorange Leuchtbuchstaben den meter-hohen Schriftzug «Happy Christmas!». Wobei, um auch dem größten Idioten eine Lesehilfe zu geben, abwechselnd das «Happy» und das «Christmas» aufblinkten.

«Ich weiß», sagte unser Nachbar Jo, der mit Schlafbrille aus seiner Tür trat, als ich schimpfend die Treppe herunter-polterte, «die spinnen, die von gegenüber. Letztes Jahr war es leichter zu ertragen, da war es nur ein Fenster, und ich konnte mit meiner alten Kindersteinschleuder unauffällig ein paar Glühbirnen ausschießen ...»

«Das kann nicht die Lösung sein!», rief ich. «Ich gehe nach drüben und sage denen, dass es noch andere Menschen auf der Welt gibt!»

Nachdem ich zehn Minuten am Haus gegenüber Sturm ge-klingelt hatte, öffnete sich das mittlere «Happy Christmas»-Fenster, und ein dicker Kerl, gegen das grellorange Feuerwerk nur als Schatten sichtbar, informierte mich darüber, dass es bereits nach Mitternacht sei.

«Ich weiß!», rief ich. «Würde es Ihnen etwas ausmachen, die blinkenden Lichter auszuschalten? Nur über Nacht? Wir wohnen gegenüber und können nicht schlafen!»

«Ich weiß nicht, was du mir sagen willst, Zinkennase!», rief der Dicke. «Aber ich lasse mir doch nicht das Fest verderben. Wenn du nicht gleich verschwindest, knallt es gewaltig!»

Meine Liebste hatte schon die Polizei am Apparat, als ich zurück in die Wohnung eilte, um nach einer möglichst brutalen Waffe zu suchen.

«Bewahren Sie Ruhe», riet die freundliche Polizistin am Telefon. «Es ist doch bald Weihnachten! Das Fest des Friedens und der Versöhnung. Können Sie nicht die paar Nächte anderswo schlafen?»

Wir schliefen auf dem Sofa im Wohnzimmer, was zu zweit etwas eng und auch sonst nicht ganz einfach war, denn an den zwei Balkonen gegenüber prangten giftgrün leuchtende Balkonumrandungen mit Weihnachtsmannfiguren, Engeln und Sternen – ein Arrangement, das an den Eingang einer drittklassigen Geisterbahn erinnerte.

«Wenigstens blinkt das Zeug nicht», seufzte meine Liebste.

Allerdings blinkten die fünf lebensgroßen tanzenden Rentiere, die die Benutzer des darunterliegenden Balkons morgens um drei in Sektlaune und mit einem Höllenlärm installierten.

Um acht hatte der Lärm immer noch nicht aufgehört.

«Dieser Krach ...», schrie mir meine Liebste ins Ohr, als sie mich im Wäscheschrank gefunden hatte, «das ist Musik! Jingle Bells! Die Rentiere tanzen zu Jingle Bells!»

Es war tatsächlich so. Und das rhythmische «Hohoho» dazwischen gehörte zu der Horde lebensgroßer, elektrischer Weihnachtsmänner, die sich von den zwei Balkonen daneben abseilten, um kurz darauf mit einem lauten Quietschen wieder nach oben gezogen zu werden.

Ich rief bei der freundlichen Polizistin an und erzählte ihr, was los war.

«Aber das ist noch gar nichts!», rief sie begeistert. «Der gesamte Stadtwald ist komplett mit Lichterketten durchgestylt und wird mit ‹Stille Nacht› beschallt. Und gerade eben wäre fast ein Airbus auf dem Parkplatz von Farben Brunswick gelandet, weil die ihre Auffahrt mit diesen irren roten und grünen Lichterketten gesäumt haben ... »

Wir stopften Knete in unsere Ohren und fuhren in ein blinkendes und «Ihr Kinderlein kommet» spielendes Einrichtungsgeschäft, um den dicksten und lichtundurchlässigsten Stoff zu kaufen, den es gab.

«Tut mir leid, so was ist immer schon Monate vor Weihnachten ausverkauft», brüllte die Verkäuferin. «Aber in einer Apotheke in der Altstadt soll es Tabletten geben, die – ohne Nebenwirkungen – vorübergehend die Sensibilität der Sinne herabsetzen.»

Wir hatten eine bessere Idee. Wir fuhren beim größten Laseranlagenvermieter der Stadt vorbei, der den letzten Hafengeburtstag sehr effektvoll illuminiert hatte.

«Natürlich haben wir das ganze Zeug noch», sagte der Besitzer stolz.

Die ersten Nachbarn traten an die Fenster, als um Punkt Mitternacht die Laserlichtorgel von unserem Balkon aus die umliegenden Häuser und die Wolken am Himmel mit einem wirbelnden Feuerwerk von 48 oszillierenden Farben bestrich. Als dann aus der HeavyDutySpecial-Supersurroundsoundanlage zuerst Mahler, dann Beethoven, dann Tschaikowsky und schließlich Café del Mar erklang, klingelte der Dicke von gegenüber, um im Namen aller Anwohner einen weihnachtlichen Waffenstillstand anzubieten.

Wir taten, als hörten wir ihn nicht. Wir lassen uns doch nicht das Weihnachtsfest verderben.

«Lass ihn doch!»

Vorsicht», sagte meine Liebste, als ich mir beim Frühstück die zweite Scheibe Brot nahm. «Wir sind doch heute Abend zum Weihnachtsessen bei meinen Eltern!»

Ich legte die Brotscheibe zurück.

«Muss ich unbedingt mitgehen?», fragte ich. «Wirklich jedes Mal? Ich kann doch ... auch mal krank sein?»

Meine Liebste grinste mich an. «Du redest wie ein kleines Kind.»

«Genau so fühle ich mich ja auch, wenn ich bei deinen Eltern zum Essen bin», erwiderte ich. Aber meine Liebste war so damit beschäftigt, literweise Wasser in sich hineinzukippen, um ihren Magen für den Abend zu weiten, dass sie mich nicht hörte.

Meine Schwiegereltern freuten sich sichtlich, uns zu sehen.

«Wir haben dieses Jahr ein extra leichtes Essen gemacht», sagte meine Schwiegermutter nach dem Willkommenslikör und warf einen leidgeprüften Seitenblick auf mich. «Und damit auch ihr wenigstens einigermaßen satt werdet, gibt es vorher eine kleine Krabbensuppe.»

Auf dem Esstisch standen salatschüsselgroße Suppenteller. Meine Schwiegermutter holte einen mächtigen Topf aus der Küche und begann, sie bis zum Rand zu füllen, trotz der Proteste meiner Liebsten und meines Schwiegervaters.

«Ach kommt», sagte sie, «diese Krabbensuppe ist so

gut. Ein altes Familienrezept! Die gibt es nur zu Weihnachten.»

«Für mich bitte nicht so viel», sagte ich, als sie sich mir zuwandte. «Ich habe heute Magenbeschwerden.»

«Das wird der Hunger sein», sagte meine Schwiegermutter und goss die erste Kelle in meine Schüssel; die Suppe war so dick, dass sie in jedem Restaurant als Krabbengulasch durchgegangen wäre.

«Danke, das reicht», sagte ich nach der zweiten Kelle.

«Du machst Witze», lächelte meine Schwiegermutter und füllte die dritte Kelle mit besonders vielen Krabben. «Diese Krabbensuppe ist ungeheuer leicht und gut verdaulich. Davon kann man gar nicht zu viel essen.»

«Es reicht wirklich», blieb ich beharrlich. «Sonst schaffe ich den Hauptgang nicht mehr. Ich schwöre, sonst muss ich nach dieser Krabbensuppe den Löffel hinlegen und bin fertig!»

Meine Schwiegermutter zog ihre Brille auf der Nase vor und sah mich darüber hinweg an.

«Also komm», sagte sie fast beleidigt und senkte die dritte Kelle in meine Schüssel. «Du bist so dünn, du kannst ruhig noch etwas vertragen!»

«Nein, danke», sagte ich, mich zur Ruhe zwingend. «Ich möchte keine Suppe mehr. Ich schaffe das alles einfach nicht. Mein Magen ist kein Zehnlitereimer!»

Erbarmungslos füllte sie erneut die Kelle mit Suppe.

«Mama!», sagte meine Liebste streng. «Hast du nicht gehört? Er hat genug.»

«Das ist doch nicht wahr», erwiderte meine Schwiegermutter. «So ein großer, kräftiger Kerl kann doch was vertragen. Oder hat er Angst, dass ihm meine Weihnachtskrabbensuppe nicht schmeckt?»

«Darum geht es nicht», protestierte ich. «Die Suppe ist sicher ganz hervorragend. Es geht nur um die Menge. Wie ich bereits mehrfach sagte: Ich kann nicht so viel essen!»

Doch meine Schwiegermutter hörte nicht zu. Gütig lächelnd schwenkte sie die vierte Kelle über meine Schüssel.

«Anneliese!», rief mein Schwiegervater. «Lass ihn doch!»

Ungerührt goss meine Schwiegermutter die Kelle in meine Schüssel.

«So», sagte sie strahlend, «möge es euch schmecken, ihr Lieben!»

Nach dem ersten Löffel beeilte ich mich zu betonen, dass mir die Suppe sehr gut schmeckte, was tatsächlich stimmte. Allerdings hätte allein der Inhalt meiner Schüssel als Hauptgericht für vier gereicht. Für kurze Zeit erwog ich, so viel zu essen, wie ich konnte, um dann vor dem Hauptgericht zu behaupten, ich müsse unvorhergesehenerweise etwas sehr Dringendes erledigen, und zu verschwinden. Dann fiel mir ein, dass ich Ähnliches bereits im letzten Jahr praktiziert hatte – ohne Erfolg: Meine Schwiegermutter hatte mir eine doppelte Portion vom Hauptgericht aufgehoben und serviert, als wir Tage danach zum Kaffeetrinken vorbeikamen.

Also aß ich sehr langsam, unglaublich langsam, und wartete auf eine Chance.

Sie kam nicht. Im Gegenteil.

«Brot!» Meine Schwiegermutter sprang so hastig auf, als brenne das Tischtuch. «Ich habe das Brot vergessen! Warum sagt ihr nichts? Ihr könnt doch die Suppe nicht ohne Brot essen, dann habt ihr ja gar nichts im Mund!»

«Doch», sagte ich, «doch, das können wir. Und die Suppe schmeckt auch ohne Brot ganz hervorragend. Ich möchte jedenfalls kein Brot, vielen Dank.»

Sie hielt mir den Brotkorb so lange unter die Nase, bis ich zugriff. Ich versuchte, die Brotscheibe durch allmähliches Zerkrümeln unter dem Tisch verschwinden zu lassen, was nicht leicht war, da meine Schwiegermutter mich besorgt betrachtete.

«Du isst ja gar nichts!», rief sie. «Magst du keine Krabben? Ich hätte sonst noch eine kleine Lasagne, die könnte ich dir vor dem Hauptgang noch schnell in den Ofen schieben ...»

«Nein, danke», sagte ich hastig, bevor sie wieder aufspringen konnte, «das ist sehr lieb, aber ich mag diese Krabbensuppe. Ich mag sie wirklich sehr! Ich esse nur so langsam, weil ... weil ich sie dann noch besser genießen kann.»

Der Vorwurf im Blick meiner Schwiegermutter war unverkennbar.

«Noch besser schmeckt das Ganze natürlich mit einem Schuss saurer Sahne!», sagte sie aufspringend und verschwand in Richtung Küche.

Binnen Sekunden war sie mit einem Krug wieder da.

«Nicht für mich», protestierte meine Liebste scharf. «Auf gar keinen Fall!»

Meine Schwiegermutter wandte sich meinem Schwiegervater zu, der wortlos beide Hände über seine Schüssel hielt. Also kam sie auf mich zu.

«Ich möchte auch keine saure Sahne», sagte ich entschieden.

«Aber es schmeckt dir besser so», sagte sie und senkte den Krug.

Ich machte den schwachen Versuch, meine Schüssel zur Seite zu ziehen. Sie sah mich stirnrunzelnd an und senkte den Krug weiter.

«Anneliese!», rief mein Schwiegervater. «Lass ihn doch!»

«Aber er kann doch noch gar nicht genug haben», sagte meine Schwiegermutter. «Und er wird sehen, dass die Suppe mit saurer Sahne – ich habe noch Butter und Avocadocreme reingeschmolzen – viel delikater schmeckt als ohne.»

Ich hielt es für klüger, den direkten Widerstand aufzugeben und stattdessen nach einigen Anstandsminuten den Löffel zur Seite zu legen.

In den Augen meiner Schwiegermutter lag abgrundtiefe Enttäuschung.

«Ich habe noch ein paar Schaschlikspieße mit Erdnusssoße, wenn du die lieber magst», sagte sie. «Oder ein paar Rostbratwürste. Ich stelle sie dir schnell in die Mikrowelle.»

«Anneliese!», mahnte mein Schwiegervater erneut.

«Mama!», rief jetzt auch meine Liebste.

«Wie gesagt: Die Suppe war hervorragend. Aber ich möchte vom Hauptgericht wenigstens noch etwas probieren können», sagte ich, so freundlich ich konnte.

«Also, ich finde es einfach schade, dass dein Mann diese köstliche Suppe stehenlässt», wandte sich meine Schwiegermutter an meine Liebste.

«Aber er kann nicht mehr! Du hast ihm zu viel gegeben!», rief meine Liebste entnervt.

«Ich verstehe das nicht», fuhr meine Schwiegermutter kopfschüttelnd fort. «Da behauptet ihr jahrelang, meine Krabbensuppe sei so gut ...»

«Anneliese!», unterbrach sie mein Schwiegervater. «Das Hauptgericht! Es VERKOCHT!»

Meine Schwiegermutter fuhr hoch, eilte in die Küche und klapperte mit Töpfen und Besteck.

«Was gibt es denn?», fragte meine Liebste.

«Gans mit Kartoffel- und Semmelknödeln und Blaukraut», rief sie zurück.

«Aber, Mama ...» Die Stimme meiner Liebsten zitterte. «Du hattest etwas von einem leichten Essen gesagt!»

«Aber hör mal, es ist doch Weihnachten! Und mein Rezept ist wirklich ganz leicht für einen Gänsebraten», rief meine Schwiegermutter und kam mit zwei gigantischen gefüllten Tellern zurück, die sie vor meiner Liebsten und mir absetzte. «Keine künstlichen Verdickungsmittel», erklärte sie, während sie die anderen Teller holte, «kein Schmalz, kein zugesetztes Gänsefett wie bei Tante Maria. Alles rein natürlich!»

Sie hatte allerdings vergessen zu erwähnen, dass bei ihr Gans, Rotkraut und Knödel in Unmengen von Soße getränkt waren. Auf allen Tellern, ausgenommen ihrem.

«Mama, du hast deine Soße vergessen», sagte meine Liebste.

«Nein, Liebes, das ist Absicht. Ich muss mit Soße etwas vorsichtig sein», sagte meine Schwiegermutter.

«Oh, ich auch!», rief ich. «Ich muss sogar sehr vorsichtig sein!»

Meine Liebste warf mir einen warnenden Blick zu.

«Aber dann versäumst du etwas», sagte meine Schwiegermutter. «Denn die Soße ist mir dieses Jahr besonders gut gelungen! Ich habe sie beim Kochen probiert.»

Und zu meiner Liebsten fuhr sie fort: «Ich hoffe, dass dein Mann nun seine Zurückhaltung meinem Essen gegenüber aufgibt ...»

Ich öffnete den Mund, aber meine Liebste stieß mich unter dem Tisch an.

«Aber, Mama», sagte sie schnell, «dann weißt du ja gar nicht, wie unglaublich aromatisch die Soße dieses Mal mit den Knödeln zusammen schmeckt. Das musst du unbedingt probieren! Nur ein kleines Stück Kartoffelknödel. Hier.»

Sie wälzte einen ihrer Knödel in Soße und legte ihn ihrer Mutter auf den Teller.

Ich verstand sofort.

«Du wirst es nicht glauben», sagte ich zu meiner Schwiegermutter. «Zu den Semmelknödeln schmeckt die Soße sogar noch viel besser! Hier, versuch mal.»

Auch ich schob ihr einen meiner Knödel auf den Teller, genau genommen waren es anderthalb.

Mein Schwiegervater kicherte leise auf.

«Oh, wo ihr gerade von Probieren sprecht», rief meine Schwiegermutter, federte hoch und holte eine Schüssel aus der Küche, «ich habe längere Zeit überlegt, ob ich statt Blaukraut nicht doch lieber Krautsalat nehmen soll. Testet doch mal!»

Sie klatschte meiner Liebsten und mir zwei mächtige Portionen Kraut auf die Teller.

«Hmm», sagte meine Liebste kauend, «auch nicht schlecht. Aber guck mal, ich glaube, Krautsalat und Rotkraut zusammen, vielleicht mit etwas Apfelspeck, würde noch viel besser schmecken.»

Mit einer schnellen Bewegung häufte sie meiner Schwiegermutter die Hälfte ihres Krautsalats zusammen mit der Hälfte ihres Blaukrauts auf den Teller.

Bevor die sich von der Überraschung erholen konnte, legte ich nach.

«Diese Gänsebrust ... », schwärmte ich. «Schwiegermama, dieses Stück ist besonders köstlich. Ich weiß, du hast auch eins, aber das hier scheint das legendäre Herz- und Kernstück zu sein, das delikateste Stück der ganzen Gans überhaupt. Die

Köche nennen es, du weißt es natürlich, das *Touchée* – das MUSST du einfach probieren!»

Mit Messer und Gabel bugsierte ich mein gesamtes Viertel Gans auf ihren Teller.

Im selben Moment wurde mir klar, dass ich zu weit gegangen war.

«Knödel!», rief meine Schwiegermutter, erneut aufspringend. «Um Himmels willen, warum sagt ihr denn nichts, ihr habt ja kaum noch Knödel!»

«Danke, ich habe noch alle meine Knödel, das genügt mir völlig», protestierte ich.

«Aber du hast noch so viel gute Soße», sagte sie und legte mir zwei Knödel auf den Teller. «Das wäre doch wirklich schade drum!»

Mit einer schnellen Bewegung fügte sie noch zwei weitere Knödel hinzu.

«Oh», sagte sie und hielt inne. «Jetzt hast du fast wieder zu wenig Soße.»

«Ich gebe gerne zwei oder drei oder vier oder auch alle Knödel ab», sagte ich schnell. «Ich schaffe sie ohnehin nicht.»

«Aber nein», lachte meine Schwiegermutter und griff zur Soßenkanne, «im Topf sind noch jede Menge. Ich gebe dir schnell noch etwas leckere Soße dazu. Du kannst die Knödel doch nicht trocken essen!»

«Doch, doch, das macht mir nichts aus. Ich liebe trockene Knödel! Und ich möchte wirklich keine Soße mehr. Bitte, keine Soße mehr! Stopp! Halt!», rief ich.

«Anneliese!», rief mein Schwiegervater. «Lass ihn doch!»

Meine Schwiegermutter goss einen gewaltigen Schwall Soße auf meinen Teller, meine Hand ignorierend, die ich abwehrend über den Teller hielt.

Während ich die Finger umständlich mit der Serviette abwischte, gelang es mir, zwei der Knödel in meiner mit Plastik ausgelegten Sakkotasche verschwinden zu lassen. Einen dritten ließ ich unter den Tisch rollen, als meine Schwiegermutter versuchte, meiner aufkreischenden Liebsten Buttersoße über die Knödel zu gießen. (Zu spät fiel mir ein, dass der Familienhund bereits nach dem letzten Weihnachtsessen gestorben war.) Einen weiteren Knödel nahm ich in der hohlen Hand mit in den Flur, als mein Handy klingelte – ich hatte die Weckfunktion gestellt –, und entsorgte ihn im Badezimmer.

Nun konnte ich das Kraut so auf meinem Teller verteilen, dass es aussah, als hätte ich ziemlich viel gegessen, und aufseufzend den Teller von mir schieben.

«Also, dieses Essen war wieder einmal erstklassig!», sagte ich im Brustton der Überzeugung. «Aber jetzt kann ich nicht mehr. Ich kann nichts mehr essen, kein bisschen! Möchte jemand meine restliche Soße trinken?»

«Na ja», sagte meine Schwiegermutter, sichtlich versöhnt, «für etwas Süßes ist im Magen immer noch Platz. Ich habe Apfelstrudel gemacht.»

Als sie mit dem Blech aus der Küche kam, floh mein Schwiegervater auf den Balkon, angeblich, um eine Pfeife zu rauchen. Meine Liebste hatte keine Kraft mehr, groß Widerstand zu leisten.

«Köstlich!», jubilierte ich, nachdem ich eine kleine Ecke Strudel probiert und eine größere heimlich im Brotkorb verstaut hatte. «Das war ein wundervoller Abschluss ... »

«O nein!», rief meine Schwiegermutter. «Fast hätte ich vergessen, dass dazu noch Eierlikör gehört. Und Krokantstreusel!»

Sie klatschte mir und meiner verzweifelt kauenden Liebsten je einen Berg Sahne auf den Strudel, darüber etliche Esslöffel Streusel und eine halbe Flasche Eierlikör.

Das Telefon im Flur klingelte im letzten Moment. Ich sprang auf.

«Entschuldigung, verwählt!», sagte eine weihnachtsdepressive Stimme.

«Einen Moment», schrie ich, «ich hole sie!»

Meine Schwiegermutter war kaum im Flur verschwunden, da stürzte ich mit meinem Kuchenteller auf den Balkon und kippte Strudel, Sahne, Streusel und Eierlikör an meinem zur Seite tretenden Schwiegervater vorbei in die Tiefe.

Von unten waren empörte Rufe zu hören.

«Ich fühle mich so voll wie ein aufgepumpter Luftballon», japste meine Liebste auf dem Heimweg. «Notfalls musst du mich ins Krankenhaus fahren.»

Auch ich hatte ein unangenehmes Gefühl im Magen. Eins, das immer stärker wurde.

Ich hatte Hunger.

Geistige Ummantelung

Als ich am Tag nach der Firmenweihnachtsfeier gegen Mittag ins Büro wankte, fiel mir auf, dass mich die Entgegenkommenden seltsam musterten.

Anfangs schob ich es auf mein gestriges Verhalten am Nachtischbüfett, doch als ich versuchte, meinen Mantel auf den Kleiderbügel hinter meiner Bürotür zu hängen, bemerkte ich, dass seine Schultern schmaler geworden waren. Auch der Stoff wirkte dünner. Außerdem war mein Mantel nicht mehr anthrazitfarben, sondern grau.

Kurz: Es war nicht mein Mantel.

Gegen Ende der Feier, als wir alle hastig zu den viel zu wenigen Taxis stürzten, musste einer der Kollegen an der Garderobe versehentlich meinen Mantel an sich gerissen haben und ich dafür seinen. In der Tasche meines Mantels befand sich meine Ersatzbrille. In den Taschen des grauen Mantels fand ich einen Bewirtungsbeleg über 180 Euro und zwei abgegriffene Packungen mit unbenutzten Kondomen – nichts also, was den Tausch gelohnt hätte.

Ich verfasste eine dem Anlass entsprechende launige E-Mail an alle Kollegen, in der ich einen grauen Mantel im Tausch gegen einen anthrazitfarbenen offerierte.

Bis zum Nachmittag hatte ich drei Antworten, zwei witzige Beileidsbekundungen und eine E-Mail meines Kollegen Robert, der seit der Weihnachtsfeier im Besitz eines ihm unbekannten Damenfächers mit aufgedrucktem Totenkopf war.

Am folgenden Tag versandte ich eine zweite, dringendere Rundmail, in der ich Eleganz und Hochwertigkeit des grauen Mantels herausstrich und anführte, dass ich meinen alten abgegriffenen anthrazitfarbenen, abgesehen vom Tascheninhalt, bloß aus in langen Tragejahren gewachsener Sentimentalität zurückhaben wolle.

Ich bekam erneut keine sachdienliche Antwort. Lediglich Dr. Butterfass klopfte an meine Tür, weil er mit mir über etwas sprechen wollte; wie sich herausstellte, hatte er vergessen, was es war.

Gegen Ende des Tages versandte ich eine weitere Rundmail, in der ich anklingen ließ, dass ich unter Umständen bereit sei, für entsprechende Hinweise, selbst für anonyme, einen Finderlohn zu bezahlen.

Obwohl ich an diesem Abend eine Stunde länger blieb als gewöhnlich, damit potenzielle Zuträger und Informanten mein Büro in Ruhe aufsuchen konnten, kam niemand außer der Putzfrau, allerdings trug sie einen hellblauen Damenmantel.

Als ich im Fahrstuhl nach unten fuhr, stieg im zweiten Stock ein schmächtiger Typ mit zurückgegeltem Haar ein. Er arbeitete im Controlling, weswegen ich nie Lust verspürt hatte, ihn näher kennenzulernen. Heute aber fiel mir sein Mantel auf, der mir irgendwie bekannt vorkam.

Er war anthrazitfarben. Er war ihm etwas zu groß, sodass er die Ärmel einmal umgekrempelt hatte. Außerdem, das sah ich im Aufzugspiegel, starrte der Zurückgegelte den grauen Mantel, den ich nur mit Mühe hatte schließen können und in dem ich aussah wie eine gequetschte Leberwurst, die ganze Zeit über verstohlen an.

Es gab keinen Zweifel: Der Kerl trug meinen Mantel.

Noch während ich erwog, das Gespräch zu eröffnen, hielt der Fahrstuhl am Ausgang, und der Zurückgegelte verschwand mit hastigen Schritten im Feierabendgewühl. Vermutlich würde er sich nun den ganzen Abend irgendeine dumme Ausrede überlegen, um mir meinen Mantel am nächsten Tag zurückzugeben.

Doch am nächsten Morgen verirrte sich lediglich Dr. Butterfass wieder in mein Zimmer.

«Ich wollte Ihnen noch etwas Wichtiges sagen», begann er. «Wir haben uns doch auf der Weihnachtsfeier sehr angeregt unterhalten, es ging um, Sie erinnern sich möglicherweise, diese Schmetterlinge im Amazonasbecken, die sich nur einmal im Leben paaren und dann ihrer Brut abwechselnd kühlende Luft zufächeln ...»

«Dr. Butterfass», sagte ich; er war ein lieber Kollege, aber manchmal entsetzlich umständlich, «ich würde das Thema auch sehr gerne gelegentlich weiter vertiefen, ich habe nur heute leider ziemlich viel zu tun.»

«Nein, nein», lächelte Dr. Butterfass unbeirrt, «ich wollte etwas ganz anderes sagen, nämlich, dass ich unser Gespräch als so spannend empfand, dass ...»

Glücklicherweise klingelte mein Telefon. Während ich sprach, schaffte ich es, mit einem bedauernd-freundlichen Winken die Tür zwischen mir und Dr. Butterfass zu schließen, der mit beiden Armen Schmetterlingsbewegungen machte.

Gegen Abend war der Schmächtige immer noch nicht erschienen. Ich formulierte eine neue E-Mail – aus diplomatischen Gründen wohlweislich an alle: «Liebe Kollegen! Fuhr einer von Ihnen gestern zufälligerweise im Aufzug mit mir nach unten und wunderte sich, dass ich einen grauen, etwas zu kleinen Mantel trug? Stellen Sie sich vor: Ich meinerseits wunderte mich, weil Sie einen anthrazitfarbenen, etwas zu großen Mantel trugen. Hand aufs Herz: Ist Ihnen Ihr Mantel erst seit der Weihnachtsfeier zu groß? Und: Haben Sie schon einmal darüber nachgedacht, dass es daran liegen könnte, dass Sie meinen Mantel tragen und ich Ihren?»

Am nächsten Tag hatte ich Post von zehn Witzbolden, aber keine von dem Kerl aus dem Controlling. Offenbar gehörte er zu den Typen, die eher sterben würden, als einen Fehler zuzugeben. Ihn direkt auf meinen Mantel anzusprechen hätte sicher unweigerlich zur Folge gehabt, dass er erst alles geleugnet und dann Mantel und Brille im Schutz der Dunkelheit im nächstbesten Müllcontainer entsorgt hätte.

Also vertröstete ich Dr. Butterfass, der mit mir etwas Dringendes besprechen wollte, auf morgen und achtete darauf, dass ich als einer der Ersten in der Kantine war. Nachdem ich das dritte fade Fischfilet heruntergewürgt hatte, sah ich ihn an der Essensausgabe.

Schnell drängte ich mich hinter ihn.

«Hallo!», eröffnete ich das Gespräch. Er sah mich kurz an und nickte abwesend. Zumindest tat er so.

«Ganz schön kalt draußen, was?», fuhr ich fort. «Mir ist in diesen Tagen auch besonders kalt; stellen Sie sich vor, ich habe auf der Weihnachtsfeier meinen Mantel vertauscht.»

Er sah mich wieder an, leichte Überraschung im Blick.

«Und nun habe ich schon Halskratzen, weil ich den fremden Mantel bei dem eisigen Wind draußen nicht richtig schließen kann», fuhr ich fort.

«Oh, das ist schlimm», sagte er teilnahmslos und wollte sich mit seinem Essentablett entfernen. Ich begleitete ihn.

«Der fremde Mantel, den ich nun habe, ist übrigens grau», sagte ich. «Grau! Sehr elegant!»

Er sah mich nun leicht befremdet an.

«Mein eigener Mantel dagegen, den jetzt irgendeiner der Kollegen hat, ist anthrazitfarben», fuhr ich fort. «ANTHRA-ZITFARBEN! Und in der Manteltasche befindet sich meine Brille.»

Er wandte sich mit einer schnellen Drehung ab und setzte sich an den Geschäftsführertisch. Ich hielt es für übertrieben, das Gespräch dort fortzusetzen.

Am Nachmittag, ich hatte Termine im Haus, ließ ich die Tür meines Zimmers sperrangelweit offen, deponierte den grauen Mantel griffbereit und gut sichtbar auf dem Besucherstuhl und bat meine Zimmernachbarn, ihre Türen geschlossen zu halten, weil ich den Besuch eines Neurotikers erwartete.

Als ich am frühen Abend zurückkehrte, lag der Mantel noch immer unverändert auf meinem Stuhl. Ich musste deutlicher werden.

Ich trieb mich so lange im Flur der Abteilung Controlling herum, bis mir der Schmächtige entgegenkam.

«Hallo!», grüßte ich überschwänglich. «Wie geht es Ihnen?»

«Gut», sagte er mit verwundertem Blick; wie viele aufstrebende Manager verfügte er offenbar über eine gewisse schauspielerische Begabung.

«Meine Halsschmerzen sind schlimmer geworden», informierte ich ihn. «In dem grauen Mantel friert man leicht, wenn man auf öffentliche Verkehrsmittel angewiesen ist. Aber Ihnen muss der anthrazitfarbene Mantel in Ihrem schicken Dienstwagen doch viel zu warm sein ...»

Mit übertriebenem Kopfschütteln und gespieltem Schulterzucken wandte er sich ab.

Noch am gleichen Abend schickte ich – wieder an alle – eine Rundmail, in der ich dem hypothetischen Finder meines Mantels anbot, die Übergabe anonym zu vollziehen, damit die Beteiligten ihr Gesicht wahren könnten, man müsse sich nur auf Zeit und Ort einigen.

Am nächsten Tag quoll mein Mailfach über von unheimlich witzigen Ergüssen sämtlicher Spaßvögel des Hauses, und auf meinem Schreibtisch lag ein Zettel mit unleserlichem, sicher noch viel witzigerem Gekrakel von Dr. Butterfass.

Ich merkte, wie allmählich Wut in mir aufstieg. Wut auf den arroganten Typen aus dem Controlling, der allen Ernstes zu glauben schien, er käme mit seiner dümmlichen Sturheit und seinem Schmierenkomödiantentum auch bei mir durch.

Ich streifte den grauen Mantel über und verließ mein Zimmer. Ich musste gar nicht so lange im Fahrstuhl auf und ab fahren, bis der gegelte Controller einstieg, leider ohne Mantel.

Als er mich sah, zuckte er zusammen.

«Hallo!», grüßte ich mit gespieltem Überschwang. «Dass wir uns jetzt so oft sehen, muss sicher an dem Mantel liegen.»

«Was wollen Sie eigentlich von mir?», fragte er in genervtem Ton. «Und was erzählen Sie mir ständig für Zeugs von – Mänteln?»

«Ganz einfach», sagte ich und breitete den grauen Mantel aus wie eine Fledermaus ihre Flügel. «Kommt Ihnen dieser Mantel denn gar nicht bekannt vor? Kein bisschen? So überhaupt nicht?»

«Ich weiß nicht, worauf Sie hinauswollen», sagte er zurückweichend.

«Ist dieser graue Mantel, der mir, wie Sie sehen, viel zu klein ist, nicht in Wirklichkeit vielleicht Ihrer?», rief ich. «Und ist der anthrazitfarbene Mantel, den Sie seit der Weihnachtsfeier tragen, Ihnen nicht viel zu groß? Sieht es nicht furchtbar lächerlich aus, wenn ein so schmächtiger Typ wie Sie einen viel zu großen Mantel trägt? Ich weiß, es fällt Ihnen sehr schwer, so etwas zuzugeben, aber ...»

In diesem Moment öffneten sich die Fahrstuhltüren, und der Gegelte stürzte hastig nach draußen.

Ich gab ihm genau 24 Stunden, bevor ich ihn in seinem Zimmer aufsuchte.

«Sie schon wieder!», rief er und sah sich hilfesuchend um.

Ich knallte den grauen Mantel vor ihm auf den Tisch.

«Ich schlage Ihnen ein tolles Geschäft vor», sagte ich übertrieben freundlich. «Sie geben mir meinen Mantel und meine Brille ...»

Er wollte aufspringen, aber ich drückte ihn auf seinen Stuhl zurück.

«... und ich gebe Ihnen Ihren Mantel, Ihren Bewirtungsbeleg und Ihre abgegriffenen, aber unbenutzten Kondome», beendete ich meinen Satz. «Was halten Sie davon?»

Er wollte etwas sagen, aber ich ließ ihn nicht.

«Ich sehe, Sie halten das für eine gute Idee», bellte ich. «Also: Wo ist er? Wo ist mein anthrazitfarbener Mantel? Na los! Wo ist er???»

Er wies zitternd auf eine Schranktür. Ich riss sie auf und streifte mir meinen Mantel über.

Er war kleiner geworden. Die Ärmel waren nicht umgeschlagen, sondern umgenäht. Er hatte ein anderes Innenfutter.

Kurz: Es war nicht mein Mantel.

«Entschuldigen Sie», flüsterte ich. «Entschuldigen Sie, ein Missverständnis! Ein bedauerliches Missverständnis!»

Als ich erschöpft in mein Zimmer zurückschlich, wartete auf dem Besucherstuhl Dr. Butterfass. Er hielt meinen anthrazitfarbenen Mantel auf dem Schoß.

«Ich wollte ja schon früher», rief er. «Aber Sie haben ja nie Zeit...»

Espresso? Auf eigene Gefahr!

Meine Liebste und ich halten uns für Leute, die ganz passabel kochen können. Trotzdem war uns nicht entgangen, dass unsere Gäste nach einem Essen immer häufiger den angebotenen Grappa ablehnten und sich brüsk erhoben. («Unsere Babysitterin wird gleich von ihrem Vater abgeholt.»)

Natürlich wussten wir, an was es in Wahrheit lag: Anders als alle anderen besaßen wir keine Espressomaschine. Keine große, chromglänzende, mit italienischem Namen, vier armlangen Hebeln und drei weckuhrgroßen Druckanzeigen. Nicht mal eine vollautomatische quadratische. Eines jener erbärmlichen, angeblich original italienischen Handkännchen kam ohnehin nicht mehr in Frage, seit unser einziges Exemplar sich binnen weniger Stunden auf der Herdplatte in ein Aluminiumhäufchen verwandelt hatte. Und uns war klar, dass unser Ruf im Freundeskreis dadurch immer mehr litt; ein raffinierter Espresso aus einem Hightech-Gerät war schließlich wesentlich kultivierter als irgendein Traubenschnaps.

Meine Liebste und ich hatten schon mehrere Anläufe unternommen, uns über Espressomaschinen-Modelle zu informieren. Anläufe, die wir immer spätestens dann abbrachen, wenn sich herausstellte, dass wir, um den Kaufpreis zu refinanzieren, die Sondertilgung für unsere Wohnung aussetzen oder ein Jahr lang zu Fuß zur Arbeit gehen müssten.

Umso verblüffter waren wir, als wir kurz vor Weihnachten ein Paket unserer Bank erhielten. «Liebe Kunden», lautete der Begleittext, «mit diesem X-Mas-Präsent, einem hochwertigen Espressoautomaten, danken wir Ihnen für Ihre Treue und wünschen Ihnen viele glückliche Stunden mit edlem Kaffeegenuss.»

«Die müssen verrückt sein», sagte meine Liebste. «Die sind doch wahnsinnig, uns so ein Ding einfach zu schenken!»

Offenbar hatten wir derart hohe Schulden, dass die Bank uns unbedingt als Kunden behalten wollte. Denn tatsächlich, der Karton enthielt die Espressomaschine, die wir uns schon immer gewünscht hatten. Zugegeben, sie war etwas kleiner als die Hightech-Maschinen, die wir in den Küchen unserer Freunde gesehen hatten, und etwas weniger beeindruckend: nur zwei Hebel, nur eine Druckanzeige, wenig Chrom. Genauer gesagt: gar kein Chrom. Dafür aber jede Menge Plastik.

«Das macht nichts. Der Kunststoff sorgt dafür, dass das Gerät diese schicke Retro-Optik bekommt», sagte ich zu meiner Liebsten. «Und wem das nicht gefällt, der wird es ohnehin nicht merken, weil die Maschine in unserer dunklen Küchenecke steht. Du wirst sehen, der Espresso schmeckt hervorragend!»

«Gut», sagte meine Liebste, «lass sie uns beim Weihnachtsessen mit unseren Freunden einweihen.»

Bis dahin war es noch eine knappe Woche, ein Zeitraum, der uns am nächsten Tag doch noch sehr lang vorkam. Zu lang. «Außerdem», sagte meine Liebste, «müssen wir das Gerät doch vorher testen».

Ich besorgte eine Dose tollen Espresso mit Bitterschokoladeanklängen und rauchigem Genussaroma, stellte die

Maschine in der Ecke unserer Küchentheke auf, reinigte die Außenteile wie in der Bedienungsanleitung vorgesehen, öffnete die Dose, sog das unglaubliche Aroma ein und bat meine Liebste, sicherheitshalber noch nachzuschlagen, ob man beim Einfüllen des Pulvers irgendetwas Außergewöhnliches beachten müsse.

«Nein», sagte sie nach einer längeren Pause mit alarmierter Stimme. «Aber ich habe gerade die Sicherheitshinweise gefunden.»

«Sicherheitshinweise?», lachte ich.

«Sicherheitshinweise», sagte meine Liebste. «Erstens: Das Gerät muss auf einer hitzebeständigen Unterlage stehen.»

«Sicher nur eine Vorsichtsmaßnahme, weil es so viele schlecht verarbeitete Küchenarbeitsplatten gibt», sagte ich beruhigend. «Wir können die Maschine ja zur Sicherheit auf unser Brotbrett stellen, das dürfte genügen.»

Ich schob das Brett unter die Maschine.

«Was tust du da?», fragte meine Liebste.

«Na, was wohl», sagte ich. «Hast du mir nicht gerade …»

«Nein», unterbrach meine Liebste, «das meine ich nicht. Ich lese hier gerade den zweiten Sicherheitshinweis: Das Gerät darf zur Vermeidung eines Hitzestaus nicht direkt unter einem Küchenoberschrank stehen.»

«Was für ein Unsinn», sagte ich. «In unserer Küche hängen überall Oberschränke. In den meisten anderen Küchen auch. Bist du sicher, dass das da …»

«Ja», sagte meine Liebste. «Willst du es vielleicht selber lesen?»

Ich warf einen kurzen Blick in ihr Gesicht.

«Nein, nein, natürlich nicht», sagte ich schnell und sah mich in unserer Küche um. «Dann stellen wir die Maschine zum Espressomachen eben einfach auf den Herd. Das ist die einzige Stelle, an der kein Oberschrank hängt.»

«Der Herd», sagte meine Liebste, «wird aber furchtbar heiß sein, wenn wir darauf gekocht haben. Ich möchte ungern unser Brotbrett auch noch von unten verbrennen, wenn schon die Maschine von oben solche Hitze entwickelt. Immerhin ist das Brotbrett ein Geschenk meiner Eltern ...»

Wir schwiegen kurz und ratlos.

«Ist das nicht überhaupt eine völlig absurde Vorsichtsmaßnahme?», fragte ich dann. «Du weißt doch, diese Hersteller übertreiben immer, um sich gegen die unglaubliche Dummheit mancher Kunden abzusichern.»

Meine Liebste stieß ein Seufzen aus. «Hier steht: Bei Nichtbeachtung dieser Sicherheitshinweise übernimmt der Hersteller keine Haftung für die eintretenden Überhitzungsbrände an Einrichtungsgegenständen. – Das hört sich für mich so an, als ob es ganz zwangsläufig anfängt zu brennen.»

Glücklicherweise bin ich ein besonnener Mensch, der auch in noch so verfahrenen Situationen immer eine gute Idee hat.

«Mach dir keine Sorgen», sagte ich. «Dann werden wir die Maschine eben zum Espressomachen auf den Esstisch stellen und sie anschließend wieder wegräumen.»

«Aber sie wird doch offenbar fürchterlich heiß!», wandte meine Liebste ein.

«Dann lassen wir sie eben stehen, bis sie abgekühlt ist», sagte ich. «Das ist natürlich etwas ungemütlich, weil sich unsere Gäste dann über die Maschine hinweg unterhalten müssen. Aber andererseits ist es für Leute wie deine Freundin Tanja, die selbst auf einem Kindergeburtstag bis zum Morgen sitzen und plappern kann, ein eindeutiges Signal, dass der Abend nun allmählich zu Ende ist ...»

Ich verstummte, weil meine Liebste mich ansah, als hätte ich ihr den Plan unterbreitet, sämtliche sozialen Kontakte abzubrechen.

«Wir können sie natürlich trotzdem wegräumen», sagte ich dann. «Wozu haben wir schließlich Topflappen?!»

«Moment», sagte meine Liebste nach einem Blick in die Anleitung in unheilschwangerem Ton und las vor: «Der Wassertank des Espressoautomaten muss vor jeder Zubereitung von neuem Espresso vollständig geleert werden, sonst besteht Überdruckgefahr, und der Automat kann explodieren. Für Schäden ...»

Ich unterbrach sie milde; meine Liebste lässt sich manchmal von Kleinigkeiten ins Bockshorn jagen.

«Das ist doch bei dem Gerät von Max genauso», sagte ich. «Und das geht ganz einfach: Man stellt irgendeine Tasse unter den Entwässerungshahn, öffnet ihn kurz, und schwupps ist der Tank leer. Alles kein Problem!»

Meine Liebste setzte ihre Brille auf und näherte sich unserer Espressomaschine.

«Wo bitte», fragte sie nach einer Weile, «wo bitte ist bei diesem Ding der Entwässerungshahn?»

Nach intensiver Suche musste auch ich einräumen, dass es den Hahn nicht gab. Dafür fand sich in einer Fußnote der Bedienungsanleitung ein Hinweis: «Zum Entleeren des Wassertanks halten Sie den Espressoautomaten mit der Wassereinfüllöffnung nach unten über ein hitzefestes Spülbecken.»

«Die sind tatsächlich wahnsinnig. Das klappt doch nie!», prophezeite meine Liebste, griff zu zwei Topflappen und versuchte, das Gerät damit auf den Kopf zu stellen. Um ein Haar wäre es auf den Fußboden geknallt.

«Wir können das doch auch ohne Topflappen machen», versuchte ich, die angespannte Situation zwischen der Maschine und meiner Liebsten zu deeskalieren. «Wir machen den Espresso auf dem Tisch, ich stelle die Maschine dann irgendwo zur Seite, und am nächsten Morgen, wenn sie kalt ist, leere ich den Tank.»

Meine Liebste zog eine Augenbraue hoch.

«Das wird nicht klappen», sagte sie mit Grabesstimme. «Weißt du, was hier steht? Rate doch mal, wie viel Espresso man mit diesem tollen Apparat auf einmal zubereiten kann.»

Ich schwieg, denn ich hatte eine schlechte Vorahnung.

«Zwei!», rief meine Liebste. «Wir können ganze zwei Tassen Espresso machen, bevor wir diesen dämlichen Apparat umdrehen und den Wassertank entleeren müssen, damit er beim nächsten Mal nicht explodiert!»

«Aber das geht nicht», sagte ich. «Anna trinkt doch immer schon alleine einen doppelten.»

«Genau», sagte meine Liebste, «und selbst wenn wir beide auf unseren Espresso verzichten würden, bräuchten wir bei unserem Weihnachtsessen mindestens fünf Tassen! Du müsstest also dreimal dieses glühend heiße Ding mit den Topflappen vom Tisch nehmen, zum Spülbecken tragen, es umdrehen, ausleeren und wieder zurückstellen. Und dann neues Wasser einfüllen und ... »

Sie warf wieder einen Blick in die Bedienungsanleitung und unterbrach sich.

«Vergiss es!», rief sie. «Weißt du, was hier noch steht: Warten Sie mit dem Einfüllen des Wassers in den Tank unbedingt, bis der Espressoapparat wieder abgekühlt ist, sonst können die Hitzedifferenzen das Gehäuse zerreißen.»

Meine Liebste ließ die Bedienungsanleitung sinken und sah mich entsetzt an.

«Die Bank will uns umbringen!», sagte sie.

Wir servierten nach dem Weihnachtsessen alkoholfreien Grappa.

Wenige Tage später erhielten wir ein Schreiben unserer Bank.

«Liebe Kunden», stand dort. «Wollen Sie sich nun endlich Ihren großen Wunsch erfüllen – ein schickes Auto, einen Traumurlaub? Oder wollen Sie sich nicht wenigstens eine tolle Hightech-Espressomaschine anschaffen? Holen Sie sich unseren neuen Kredit zu unglaublich günstigen Bedingungen!...»

Karriereknick beim Krippenspiel

Neulich kam mir im Hof Roland mit seinem sechsjährigen Sohn Jean-Philipp entgegen.

«Bleib stehen!», bat Roland und nestelte einen Lebkuchen aus seiner Tasche.

«Oh, danke», sagte ich und wollte zugreifen.

«Der ist nicht für dich!», rief Roland entgeistert und reichte den Lebkuchen Jean-Philipp. Der stopfte ihn in den Mund, drehte sich um und versuchte zu fliehen. Roland erwischte ihn an der Kapuze.

«Jean-Philipp!», rief Roland. «Dein Text. Bitte!»

Jean-Philipp nuschelte etwas Unverständliches in Richtung seiner Stiefel.

«Sehr schön», lobte ich, weil das offenbar von mir erwartet wurde, und wollte weitergehen, um Käse zu kaufen.

«Bitte warte», bat mich Roland. «Jean-Philipp kann das noch viel besser! Nicht wahr, Jean-Philipp?»

Jean-Philipp verdrehte die Augen, aber sein Vater ließ die Kapuze nicht los.

«Jean-Philipp! Noch einmal den Text», kommandierte er. «Laut und deutlich! Bitte!»

«Ein Stern ...», haspelte Jean-Philipp. «Ein Stern!»

«Ganz toll!», lobte ich. «Entschuldigung, aber ich muss noch schnell etwas besorgen.»

Als ich zurückkam, warteten die beiden im Treppenhaus auf mich.

«Draußen wurde es uns zu kalt», erläuterte Roland. «Und Jean-Philipp will dir noch einmal den Text aufsagen. Weißt du, er braucht Publikum, um wirklich gut zu sein.»

Roland reichte seinem Sohn einen neuen Lebkuchen.

«Nimm dich zusammen, Jean-Philipp», sagte er. «Und bitte!»

Jean-Philipp biss in den Lebkuchen, schluckte und kniete nieder.

«Ein Stern», deklamierte er, den Blick gequält zur Flurlampe gerichtet, «ein Stern!»

«Super!», rief ich und fügte in das erwartungsvolle Schweigen hinzu: «Wofür ist das?»

«Für das Krippenspiel in der Schule», sagte Roland. «Du hast sicher schon davon gehört, dass das eine ganz große Sache wird. Als Regisseur haben wir einen echten Profi. Und Jean-Philipps Rolle ist die wichtigste im ganzen Stück. Zu Recht, du hast ja gesehen, der Junge ist unheimlich begabt ... »

«Wen spielt er?», fragte ich höflich. «Josef?»

«Nein», Roland winkte ab.

«Jesus?», fragte ich, mir den Kopf zermarternd, schnell weiter, denn der Aufzug kam und kam nicht. «Herodes? Lukas, den Lokomotivführer?»

«Mach keine Witze», lächelte Roland. «Er spielt die Schlüsselrolle des gesamten Stücks. Den Mann, ohne den die Geschichte der Christenheit, die komplette Weltgeschichte ganz anders verlaufen wäre: den Hirten!»

«Den Hirten?», fragte ich irritiert.

«Na, den Hirten!», rief Roland. «Den Mann, der den Stern entdeckte, der über dem Stall in Bethlehem stand. Ohne diesen Hirten, ohne unseren Sohn, hätte kein Mensch auf der ganzen Welt gemerkt, dass der Heiland geboren wurde!»

Ich gab mich beeindruckt.

«Muss er viel Text lernen?», fragte ich.

«Den Text beherrscht er perfekt, du hast ihn ja gerade gehört», sagte Roland und drängte seinen Sohn und sich mit mir in den Fahrstuhl. «Wir feilen nur noch an der Präsentation. Wie jeder weiß, ist das für jeden guten Schauspieler das härteste Stück Arbeit!»

Ein paar Tage später traf ich Roland und seinen Sohn auf der Treppe. Ich wollte schnell an ihnen vorbeihuschen, aber Roland hielt mich fest.

«Möchtest du ihn hören?», fragte er und zog den Lebkuchen.

«Natürlich», sagte ich widerwillig.

Jean-Philipp biss in den Lebkuchen, kaute und kniete dann auf dem Treppenabsatz nieder. «Ein Stern!», frohlockte er. «Ein Stern!»

«Und?», fragte Roland.

«Sehr ausdrucksstark», sagte ich. «Warum isst er dabei eigentlich immer Lebkuchen?»

«Das gehört zur Rolle», sagte Roland. «Der Hirte war gerade beim Essen, als er den Stern bemerkte.»

«Der Hirte hat Lebkuchen gegessen?», fragte ich.

Roland stieß einen ungeduldigen Seufzer aus.

«Vermutlich nicht. Aber Jean-Philipp mag kein Fladenbrot. Also hat der Regisseur beschlossen, Lebkuchen zu nehmen. Wir sind ihm sehr dankbar dafür und haben ihn schon dreimal zum Essen eingeladen, obwohl er ständig rülpst und sich die Finger an der Tischdecke abwischt. Nächsten Freitag kommt er zum vierten Mal zu uns.»

«Obwohl er rülpst und sich die Finger an der Tischdecke abwischt?», fragte ich.

Roland sah mich ungläubig an.

«Verstehst du nicht?», fragte er. «Er ist der Regisseur! Wenn wir es schaffen, bis zur Aufführung mit ihm gut befreundet zu sein, lässt er Jean-Philipp vielleicht ein, zwei Schritte näher am Publikum spielen. Oder gibt ihm ein, zwei Worte mehr Text, um die Bedeutung seiner Rolle zu unterstreichen.»

Beim nächsten Mal traf ich Roland und Sohn vor den Mülltonnen. Ich bestand darauf, dass Jean-Philipp nicht vor mir auf dem schmutzigen Pflaster niederkniete, um seine Rolle aufzusagen, sondern stehen blieb. In der Tat war seine Aussprache deutlich besser geworden. Obwohl – da war etwas.

«Warum hat er beim Sprechen einen Korken im Mund?», fragte ich.

«Ein alter Trick der Schauspieler, um noch deutlicher sprechen zu lernen», erklärte Roland. «Wir trainieren mit professionellen Sprecherziehungs-DVDs. Entschuldige, wir müssen weitermachen. Ich habe extra Urlaub genommen!»

Als ich in der Woche darauf in den Fahrstuhl trat, sah ich Jean-Philipp, der schlafend an der Kabinenrückwand lehnte. Er schien deutlich dicker geworden zu sein. Als ich ihm den Korken aus dem Mund nahm, riss er ihn mir aus der Hand, biss hinein und kniete nieder, den Blick nach oben gerichtet.

«Ein Stern!», rief er mit tönender Stimme. «Ein Stern!»

«Super, Jean-Philippe», applaudierte ich. «Ich glaube, du brauchst nicht mehr zu üben.»

«Mein Coach sieht das anders», sagte Jean-Philippe. «Und mein Vater sagt: Erholen kann ich mich nach dem Auftritt.»

«Der Lehrer hat über eine Stunde umsonst auf ihn gewartet», sagte Roland kopfschüttelnd, als ich den gähnenden Jean-Philipp an seiner Tür ablieferte. «Diese Schauspielstunden kommen uns zu teuer, wenn er sie ständig verschläft!»

Ich fragte Roland, ob er sicher sei, dass er seinem Sohn nicht zu viel zumute.

«Im Gegenteil», sagte Roland. «Bei seiner großen Begabung braucht er als Lehrer einen wirklichen Profi. Schließlich wollen wir nur das Beste für unseren Sohn.»

«Bist du sicher?», fragte ich. «Ist all das wirklich nötig?»

«Ich verstehe nicht», sagte Roland. «Meinst du, wir wollen, dass ihn einer der anderen Schüler überholt? Die besseren Noten schreibt? Das bessere Abitur macht? Den besseren Studienabschluss? Den besseren Doktor? Und ihm den besseren Job wegschnappt?»

«Aber Roland, es geht doch nur um zwei Sätze in einem Krippenspiel!», sagte ich.

Roland schnappte nach Luft.

«Na und?», rief er. «Die Eltern von Luis proben seit den vorletzten Ferien mit ihrem Sohn. Die Mutter von Lisa arbeitet jetzt Teilzeit, um mit ihr trainieren zu können, obwohl Lisa nur die Maria spielt und kein einziges Wort sagen muss. Und Torbens Eltern haben für ihren Sohn einen Wochenendkurs in einem Actor's Studio in Los Angeles gebucht – er hat als Josef immerhin drei Sätze.»

«Das ist doch alles Wahnsinn», sagte ich.

«Nein», korrigierte Roland. «Wahnsinn ist das, was Alains Eltern tun. Alain spielt einen der Heiligen Drei Könige, aber seine Eltern hätten gerne eine Solorolle für ihn.»

«Und?», fragte ich.

«Sie wollen, dass es nur einen König gibt, nämlich ihn!», erläuterte Roland ungeduldig. «Erst haben sie den Regisseur zu einem Urlaub nach Mallorca eingeladen. Der ist zwar auch hingeflogen, aber dachte nicht daran, Alain eine Solorolle ins Stück zu schreiben – angeblich weil die Heilige Schrift das nicht vorsieht. Also versucht Alains Mutter, die für das Catering zuständig ist, Jan und Toralf, die die zwei anderen Könige spielen, bei den Proben mit hämischen Bemerkungen zu verunsichern. Und sein Vater hat den beiden viel Geld geboten, wenn sie bei der Aufführung krank sind.»

Ich versuchte, mich in Richtung meiner Wohnung zu bewegen, aber Roland hielt mich auf.

«In dem Zusammenhang wollte ich dich noch um Rat fragen», sagte er. «Wie du vielleicht weißt, kommt in dem Stück noch ein Engel vor, der mit den Hirten spricht. Der wird gespielt von einem gewissen Julian, aber so laienhaft, dass wir fürchten, er könnte Jean-Philipp negativ beeinflussen, wenn du verstehst, was ich meine ...»

«Ich verstehe», sagte ich und schob ihn zur Seite. «Warum entführt ihr Julian nicht einfach vor der Aufführung?»

«Darüber haben wir auch schon nachgedacht», sagte Roland hinter mir herlaufend. «Aber Entführungen kommen bei Schulkrippenspielen in letzter Zeit immer wieder vor, und der Verdacht würde sofort auf uns fallen. Also, wenn du noch eine andere Idee hast ... Warte doch! Bleib stehen! ...»

Meine Liebste und ich gingen auch zum Krippenspiel, Roland hatte uns keine Wahl gelassen.

Der Saal war gestopft voll mit Eltern und weiteren Angehörigen. Alle starrten zur Bühne und bewegten die Lippen im stummen Gebet.

Das Stück war nicht schlecht. Bis Jean-Philipp auf die Bühne trat, sich am prasselnden Lagerfeuer niederließ, den Lebkuchen aus der Hirtentasche zog, hineinbiss, kaute, schluckte. Den Blick voll Entzücken nach oben richtete, den Mund öffnete und – sich hustend und würgend am Boden wand.

Roland kniete neben uns vor seinem Stuhl; er rief unablässig den Text seines Sohnes.

Als ich schließlich auf die Bühne sprang und Jean-Philipp auf den Rücken schlug, bis er wieder atmete, sprach längst der Engel.

Roland sagt, ich habe die Karriere seines einzigen Sohnes zerstört.

Ehemanns Tanne

Ich bin keiner dieser lippennagenden Hektiker, die sich schon Wochen vor Weihnachten bloß eines Weihnachtsbaums wegen verrückt machen.

So wie beispielsweise jener Großvater Franz, von dem meine Liebste mir eines Abends in der Adventszeit erzählte, ein herzensguter Mensch, der mit jedermann gut auskam. Ausgenommen mit seiner Frau und mit Weihnachtsbäumen.

«Es war ein Teufelskreis», berichtete meine Liebste. «Er hatte solche Angst, er könnte einen Baum erwischen, der seiner Frau nicht gefiel, dass er von Jahr zu Jahr immer später zum Weihnachtsbaumhändler ging. Und mit immer schlimmeren Krücken zurückkehrte.»

Sie kicherte. «Wenn wir zur Bescherung kamen, saß meine Großmutter stinksauer in der Küche, während er im Wohnzimmer fluchend Löcher in den Stamm bohrte und zusätzliche Zweige einsetzte. Das dauerte ewig. Zuerst verschob sich die Weihnachtsfeier nur um zwei, drei Stunden. Dann auf den folgenden Tag. Die letzte Weihnachtsfeier, kurz bevor meine Großmutter sich scheiden ließ, fand eine halbe Stunde vor Silvester statt.»

«Dass erwachsene Leute nicht in der Lage sind, mit so etwas vernünftig umzugehen», sagte ich nach einer Pause kopfschüttelnd. «Es ist doch nur ein Baum!»

«Ich bin heilfroh, dass es bei uns ganz anders ist», nickte meine Liebste. «Du holst immer wunderbare Bäume. Und selbst wenn einer mal nicht so schön wäre – was würde das schon ausmachen? Hauptsache, wir lieben uns!»

Wir umarmten uns innig.

Als ich am nächsten Morgen nachrechnete, fiel mir auf, dass es schon drei Tage vor Heiligabend war.

Der hünenhafte Weihnachtsbaumverkäufer bei uns um die Ecke hatte noch jede Menge Auswahl.

Ich fragte nach Nordmanntannen, des Nadelns wegen. Er präsentierte mir drei gutgewachsene Exemplare unterschiedlicher Größe.

Ich entschied mich für die Mittlere, die knapp über zwei Meter groß war.

«Sie entscheiden sich aber schnell», sagte der Verkäufer und warf die beiden ausgemusterten Tannen auf den Haufen zurück. «Sind Sie Single oder geschieden?»

«Wieso?», fragte ich.

Der Verkäufer lachte.

«Wenn Sie eine Frau oder Freundin hätten, würde das viel länger dauern. Wissen Sie, Weihnachtsbaumkauf ist in den meisten Familien ein sehr heikles Thema.»

«Ich habe eine Frau», rutschte mir heraus. «Was tut das zur Sache?»

«Oh», sagte der Weihnachtsbaumverkäufer und setzte den Baum wieder ab. «Wollen Sie sie nicht wenigstens kurz anrufen – Sie haben doch sicher ein Handy?»

«Wieso sollte ich?», fragte ich verblüfft.

«Um unnötigen Ärger zu vermeiden», sagte der Verkäufer. «Ich habe wenig Lust, morgen mit Ihnen stundenlang zu diskutieren, wenn Sie mir diesen tadellosen Baum zurückbringen wollen. Nur weil er Ihrer Frau viel zu groß ist oder viel zu klein.»

«Das wird nicht passieren, warum sollte es?», fragte ich.

«Ich hatte letztes Jahr drei Scheidungen wegen Bäumen in angeblich falscher Größe», sagte der Verkäufer. «Gut, in einem Fall war das Absicht, der Herr hatte auf dem Weihnachtsmarkt eine andere kennengelernt ...»

«Keine Sorge», unterbrach ich, jedes Wort betonend. «Ich war zusammen mit meiner Frau auf dem Weihnachtsmarkt! Mehr noch: Sie vertraut mir in Weihnachtsbaumfragen voll und ganz. Genügt das?»

«Dann sind Sie, weiß Gott, eine Ausnahme», seufzte der Mann. «Ich bin nur deshalb Weihnachtsbaumverkäufer geworden, weil ich so schon Monate vor dem Fest den optimalen Baum aussuchen kann. Apropos, stellen Sie sich vor, im letzten Jahr hat an meinem Stand eine Frau ihren Mann mit Ohrfeigen zwischen den Bäumen hin und her gehetzt, weil der Baum, den er ausgewählt hatte, in ihren Augen zu ungerade war. Ungerade, so ein Unsinn. Hahaha!»

Ich zückte geistesabwesend mein Handy, denn ich wollte meine Liebste noch schnell fragen, ob ich Äpfel fürs Müsli mitbringen sollte.

«... wenn ich mit dem Baum auf der Schulter überhaupt in den Obstladen komme», fügte ich zu ihr noch beiläufig hinzu. «Ich nehme einen, der etwas über zwei Meter groß ist, der müsste für unser Wohnzimmer gerade richtig sein.»

«Das mit den Äpfeln muss nicht unbedingt sein», sagte meine Liebste. «Der Baum ist doch sicher schwer ...»

«Ich könnte auch einen kleineren Baum nehmen, der wäre leichter», warf ich schnell ein. «Oder, dann lohnt es sich richtig, einen noch größeren, einen, der bis zur Decke geht.»

«Bring einfach den mit, der dir gefällt», sagte meine Liebste.

«Sicher, das mache ich», sagte ich. «Falls du keine Präferenzen hast ... »

«Oh, es klingelt gerade an der Tür. Das wird die Getränkelieferung sein!», rief meine Liebste. «Bis gleich, ich freue mich schon auf dich!»

«Kann ich die Tanne also jetzt einpacken?», fragte der Weihnachtsbaumverkäufer argwöhnisch.

«Natürlich», sagte ich. «Obwohl – bitte halten Sie sie noch einen Moment.»

Bei der dritten Umrundung fiel mir etwas Merkwürdiges auf. Eine Kleinigkeit zwar, aber wer genau hinsah, bemerkte es sofort.

«Der Baum ist theoretisch durchaus in Ordnung», sagte ich. «Aber sehen Sie diese leichte Krümmung nach hinten? Haben Sie vielleicht einen, der etwas gerader gewachsen ist?»

Der Weihnachtsbaumverkäufer stieß die Luft durch die Zähne. Dann schleppte er zwei weitere etwa gleich große Nordmanntannen heran.

Mein mittlerweile trainiertes Auge erkannte, dass eine der beiden im unteren Bereich viel zu dicht war, was das Schmücken entschieden erschweren würde. Der zweite Baum hatte dafür im oberen Bereich eine größere Lücke.

«Ich bleibe doch beim allerersten», entschied ich. «Ganz klar.»

«Eine gute Wahl», lobte der Hüne. «Ich hoffe, Ihre Frau wird das auch denken!»

«Was würden Sie denn aufgrund Ihrer Erfahrung sagen?», fragte ich. «Welcher Baum stört den weihnachtlichen Ablauf weniger? Einer mit Lücke oben, einer, der unten zu dicht ist, oder einer, der etwas schief ist?»

Er zuckte die Schultern. «Es ist *Ihre* Frau, nicht meine.»

Ich ignorierte diese Unverschämtheit und zückte mein Handy zum zweiten Mal.

«Wo bist du denn?», rief meine Liebste. «Immer noch beim Baumkaufen?»

«Ja, ich bin aufgehalten worden», sagte ich. «Ich habe nun drei Bäume in der Endauswahl. Einen mit Lücke unter den oberen Ästen, einen, der unten ziemlich dicht ist, und einen, der etwas schief ist. Ich vermute, ich werde den schiefen nehmen … Aber eigentlich wollte ich nur kurz fragen, ob ich noch eine Zitrone mitbringen soll.»

«Ja, das ist eine gute Idee!», rief die Liebste. «Und jetzt komm schnell heim. Meine Mutter hat uns Stollen gebracht!»

«Okay», sagte ich. «Ich bringe dann den etwas schiefen Baum mit. Wie gesagt: knapp über zwei Meter groß. Blaugrüne Farbe. Spitze, leicht abgerundete Nadeln. Ich bin sicher, er wird dir gefallen.»

Meine Liebste lachte. «So schief wie der Baum von Mirko wird er sicher nicht sein!»

«Mirko?», fragte ich. «Wieso?»

«Karin hat gerade angerufen», erklärte meine Liebste. «Die beiden haben sich fürchterlich gestritten, weil Mirko einen furchtbar schiefen Baum angeschleppt hat. Karin ist ausgezogen. Aber das kann ich dir doch auch nachher erzählen, komm jetzt heim!»

Ich dachte fieberhaft nach.

«Haben Sie vielleicht noch einen Alternativbaum?», fragte ich den Verkäufer. «Einen, der oben keine Lücke hat, der unten nicht zu dicht ist und der nicht schief aussieht?»

«Bäume sind Naturprodukte», sagte der Mann unbarmherzig. «Die wachsen, wie sie wollen. Nicht, wie Ihre Frau es will. Ich muss jetzt schließen. Also?»

Unter normalen Umständen hätte ich mich mit einer Ver-
wünschung entfernt. Aber bald war Heiligabend.

Also bat ich ihn, mir alle drei Bäume bis morgen zurück-
zulegen.

«Das kann ich nicht», sagte er. «In drei Tagen ist Weihnachten! Aber ich habe genug Bäume. Bringen Sie Ihre Frau
doch morgen einfach mit.»

«Nicht nötig, ich schaffe das schon alleine!», bellte ich.

Meine Liebste war erstaunt, dass ich ohne Baum nach
Hause kam.

«Es ist eben nicht so einfach», lächelte ich leichthin. «Dieses
Jahr ist die Baumauswahl schlechter ...»

«Das hat Mirko offenbar auch erzählt», sagte die Liebste
«Wobei man aber sagen muss, dass Mirko schon seit Jahren
schlechte Weihnachtsbäume nach Hause bringt. Weißt du
noch, was für einen lausigen sie vor zwei Jahren hatten? Wir
haben doch noch auf dem Nachhauseweg darüber geredet, erinnerst du dich?»

Ich erinnerte mich nicht. Kein bisschen.

Am nächsten Abend hatte der Weihnachtsbaumverkäufer
bereits deutlich weniger Bäume. Meine drei Favoriten von
gestern fehlten.

Der Verkäufer zuckte die Schultern. «Die sind heute
Morgen alle weggegangen. Aber ich habe noch drei andere in
der Größe da.»

Der erste hatte eine enorme Lücke. Der zweite war im
unteren Bereich so dicht, dass man zwischen die Zweige
nicht eine einzige Christbaumkugel hätte zwängen können.
Der dritte aber, das sah ich auf den ersten Blick, war von den
Proportionen her perfekt, hatte weder Lücke noch zu große
Zweigdichte. Und dazu war er mustergültig gerade.

«Finde ich gut, dass die Doppelspitze Ihrer Frau nichts ausmacht», sagte der Verkäufer und machte sich daran, den Baum ins Netz zu verpacken.

«Die Doppelspitze?», echote ich.

«Der Baum wurde mir schon zweimal zurückgebracht», sagte der Verkäufer schulterzuckend. «Obwohl ich sogar um fünf Euro runtergehen wollte.»

«Warten Sie noch einen Moment», rief ich, zog mein Handy und berichtete meiner Liebsten, dass die Buchhandlung gegenüber schon geschlossen sei, sonst hätte ich auf dem Rückweg ein Buch über die Symbolik von Doppelspitzen gekauft, denn auch unser Weihnachtsbaum werde eine doppelte Spitze haben.

«Liebster», sagte sie und atmete hörbar durch, «wenn du einen schönen Baum gefunden hast, egal mit wie vielen Spitzen, bring ihn einfach mit!»

Rein prophylaktisch bat ich den Verkäufer, den Baum noch einmal, ein letztes Mal, zu drehen. Dabei fiel mir auf, dass er doch etwas schief war. Nicht sehr, aber doch so, dass man es sah, wenn man sich ihm von der linken Seite näherte und von schräg unten genau hinguckte.

«Fällt das sehr auf?», fragte ich den Verkäufer. «Was würden Sie sagen?»

«Nehmen Sie doch einen von den beiden anderen», beschied er und wandte sich dem nächsten Kunden zu.

Ich überprüfte aus unterschiedlichen Entfernungen, ob der Baum mit der Lücke und der mit den dichten Zweigen im unteren Bereich nicht doch akzeptabel waren (eher nein), und wollte dann als Entscheidungshilfe den mit der doppelten Spitze danebenstellen.

«Den hat der Herr dahinten soeben gekauft», informierte

mich der Verkäufer. «Ihrer Frau war er doch zu schief, nicht wahr?»

Ich ließ den Kerl mit seinen Kompromissbäumen stehen.

Meine Liebste unternahm an diesem Abend zwei oder dreimal den Versuch, mir zu sagen, ich solle mir mit dem Weihnachtsbaum doch keinen Stress machen, so ein dummer Baum sei wirklich nicht die Hauptsache an Weihnachten.

«Aber ich habe doch schon einen Baum im Auge», erwiderte ich daraufhin. «Ich muss ihn morgen nur noch abholen.»

«Nur noch abholen?», fragte sie. «Ich meine nur, weil du irgendwie so – gereizt bist.»

«Natürlich! Nur noch abholen!», sagte ich. «Mach dir keine Sorgen!»

Am nächsten Tag schlich ich noch früher aus dem Büro, um mich auf die Suche nach anderen Weihnachtsbaumverkaufsständen in der Nähe zu machen. Es gab zwei.

Der erste hatte vier Nordmanntannen, die auf den ersten Blick in Frage kamen. Auf den zweiten stellte sich heraus, dass drei von ihnen oben große Lücken hatten. Der vierte Baum war unten so dicht wie das Fell eines Hebridenschafs.

Am zweiten Stand traf ich Mirko. Er schritt wieder und wieder eine Reihe von zehn am Boden liegenden Weihnachtsbäumen ab, verfolgt von einem sichtlich genervten Verkäufer.

«Karin hat mir noch eine einzige Chance gegeben», sagte er mit heiserer Stimme und packte mich am Arm. «Ich darf jetzt keinen Fehler machen! Du kennst dich doch aus. Welchen würdest du nehmen?»

Ich sah sofort, dass es nur einen Baum gab, der einigermaßen gut aussah. Nebenbei bemerkt, war es die einzige Nordmanntanne in Mirkos Auswahl.

«Danke!», flüsterte Mirko, umarmte mich und verschwand mit dem Baum.

«Haben Sie noch mehr Nordmanntannen in der Art?», fragte ich den Verkäufer.

Er zeigte auf die Bäume am Boden. «Wo denkst du hin, Meister?», fragte er. «Das ist alles, was ich habe. Es ist ein Tag vor Weihnachten!»

Ich kehrte zum anderen Stand zurück, um mir den Baum, der unten zu dicht war, noch einmal anzuschauen.

«Ist gerade weggegangen», sagte der Standbesitzer. «Aber ich habe noch ein paar schöne gerade Fichten. Die nadeln zwar früher, aber … nun ja.»

Ich zögerte.

«Ich hätte auch noch eine Krüppelkiefer», sagte der Verkäufer. «Wenn Sie die dicht an die Wand stellen, sodass sie nicht umkippen kann, sieht die von rechts sogar ziemlich klasse aus.»

Ich rief meine Liebste an, um sie zu informieren, dass dieser Idiot von Weihnachtsbaumverkäufer den falschen Baum für mich reserviert und nun nur noch eine krüppelige Kiefer oder ein paar Fichten im Angebot habe. «Ich denke natürlich nicht daran, diesen Mist zu nehmen», schloss ich. «Ich habe doch keine Lust, dass mit uns dasselbe passiert wie mit Mirko und Karin!»

«Aber nein», rief meine Liebste, «wie kommst du denn darauf? Bitte komm schnell nach Hause. Wir können, wenn du willst, doch nochmal zusammen losgehen!»

«Nein danke, Liebste», sagte ich. «Ich schaff das schon.»

Ich zog meine Mütze tief ins Gesicht, damit mich der Schnösel vom ersten Stand nicht wiedererkannte.

«Da sind Sie ja wieder», sagte er.

«Zeigen Sie mir Ihre Nordmanntannen», sagte ich. «Alle!»

«Das geht schnell», sagte er höhnisch. «Ich habe nur noch diese hier!»

Es war eine Tanne, die die mutmaßlich größte Lücke von allen bisherigen hatte.

«Sie können zwei, drei Äste einsetzen», schlug der Verkäufer vor, «die kann ich Ihnen mitgeben, dann fällt es nicht so auf.»

«Nein», sagte ich entsetzt. «Das tue ich nicht!»

«Ich habe dahinten noch ein paar Weißtannen und Fichten. Und zwei Kiefern», sagte er. «Wenn Sie selber gucken wollen, ich habe noch Kundschaft, die wirklich etwas kaufen will ...»

Es war mittlerweile so dunkel, dass ich nicht einmal mehr sehen konnte, wo die Bäume lagen.

«Wann öffnen Sie morgen?», fragte ich den Verkäufer.

«Um halb neun», sagte er und schnürte einem glücklich kieksenden Rentnerpaar die lückenhafte Nordmanntanne ins Netz.

«Bekommen Sie noch neue Bäume?», fragte ich mit letzter Hoffnung.

«Morgen ist Heiligabend!» sagte er vorwurfsvoll. «Sagen Sie das Ihrer Frau!»

Als ich heimkam, hatte meine Liebste Glühwein gemacht. Nach etwa einer Stunde versuchte sie, mich auf das Stichwort «Weihnachtsbaum» anzusprechen.

«Es ist alles in Ordnung», sagte ich mit knirschenden Zähnen. «Ich habe mit dem Weihnachtsbaumverkäufer gesprochen. Er bekommt morgen frische Bäume.»

Um halb sechs hörte ich auf, mich im Bett schlaflos hin und her zu wälzen, stand leise auf und rief Mirko an, um ihn zu fragen, wie es um seine Beziehung stehe, und – falls schlecht – ob ich ihm seinen Baum abkaufen könne. Er legte auf.

Um Viertel nach acht war ich am Weihnachtsbaumstand.

«Sie sind ja tatsächlich schon da», sagte der Hüne, als er um kurz vor neun eintraf.

Es gab eine Weißtanne, die oben eine Lücke hatte und unten zu dicht war, und eine normale Tanne mit viel zu langer Spitze und einem schiefen Stamm, die bereits nadelte.

«Prima, ich nehme alle beide», log ich. «Ich renne nur schnell zum Automaten, ich habe nämlich mein Geld vergessen ... »

Der andere Standbesitzer schloss gerade seine Bude auf, als ich angehetzt kam.

«Ich nehme eine Fichte», schnaufte ich.

«Längst weg», winkte der Standbesitzer ab. «Ich habe nur noch die krüppelige Kiefer zum An-die-Wand-Lehnen. Da könnte ich auch mit dem Preis runtergehen ... »

Ich rannte zum ersten Stand zurück und überholte auf dem Weg einen vierschrötigen Mann, der etwas langsamer rannte als ich.

«So», keuchte ich und zog mein Geld aus der Tasche.

Der Hüne zuckte die Schultern. «Sorry, beide Bäume sind weg. Ich wusste doch nicht, ob Sie wiederkommen ... »

Ich erwog, mich auf ihn zu stürzen, aber verzichtete dann.

«Was haben Sie noch?», fragte ich dumpf.

«Drei Fichten», sagte der Verkäufer.

Eine war löchrig wie ein Greisengebiss, die andere verwachsen, die dritte war einigermaßen schön, soweit man das bei Fichten als Weihnachtsbaum überhaupt sagen kann, hatte aber eine Dreierspitze.

«Ich nehme sie», sagte ich matt. «Könnten Sie mir unten den Stumpf noch gerade schneiden?»

«Heute ist Heiligabend», sagte der Weihnachtsbaumverkäufer und machte keine Anstalten, sich zu bewegen.

«Kein Problem», sagte der vierschrötige Mann und schob sich vor mich. «Sie müssen sich die Hände nicht schmutzig machen. Ich nehme den Baum, so wie er ist.»

«Augenblick», sagte ich. «*Ich* will diesen Baum nehmen.»

«Hören Sie nicht auf diesen Typ», sagte der Vierschrötige. «Ich lege Ihnen noch einen Zehner drauf, und Sie geben *mir* den Baum!»

«Zwanzig», sagte der Weihnachtsbaumverkäufer.

«Fünfundzwanzig», sagte ich reflexartig.

Bei fünfzig musste ich aussteigen, mehr Geld hatte ich nicht dabei.

«Tut mir leid», raunte mir der Vierschrötige zu. «Um meine Ehe steht es nicht besonders.»

«Geben Sie mir die verwachsene Fichte», sagte ich tonlos zum Verkäufer.

«Sorry», sagte der. «Die versteigere ich in einer Stunde in der Innenstadt, da rennen noch genug Verzweifelte herum. Sie können die löchrige haben. Meinen letzten Baum. Was ist er Ihnen wert? Ich nehme übrigens alle EC- und Kreditkarten.»

Ich zahlte einen utopischen Preis. Gegen ein hohes Aufgeld gab er mir noch ein paar lose Zweige mit.

«Die werden sie brauchen», sagte er. «Frohe Weihnachten. Und alles Gute für Ihre Ehe.»

Im Hof begegnete ich unserem Hausmeister. Er begann wie irre zu lachen, als er den Baum sah.

«Sie Armer!», rief er. «So eine Krücke hatte ich noch nie. Aber mein Schwager, das heißt, er ist jetzt mein Exschwager ...»

Ich brachte ihn mit einem einzigen Blick zum Schweigen, stopfte den Baum in die Mülltonne und betrat mit leeren Händen die Wohnung, um das Ende meiner Ehe einzuleiten.

«Nicht böse sein», flüsterte meine Liebste, als sie mich sah. Sie zeigte in die Zimmerecke. Dort stand etwas. Ein Baum. Eine herrliche Nordmanntanne.

«Gegenüber von meinem Büro war dieser Stand, und der Baum sah so toll aus», sagte meine Liebste. «Und du hattest dein Handy aus ...»

«Wir singen VOR dem Essen!»

Bislang war Heiligabend verdächtig ruhig verlaufen.
Wir hatten die Begrüßung erstaunlich gut hinter uns gebracht und das seit dem umgekippten Fischtopf vor 30 Jahren stets problematische Aufeinandertreffen von Oma Lilly und Onkel Fred mit einem improvisierten Streit um den stollenfressenden Hund meiner Eltern überspielt. Der Nachmittagskaffee war ohne ernsthafteres Gebrüll zu Ende gegangen, und meine Mutter hatte sich schon erhoben, um sich in der Küche einer Batterie von gefüllten Enten zu widmen.

Da klatschte Tante Uschi in die Hände und rief: «So, jetzt singen wir!»

Lähmende Stille breitete sich am Tisch aus. Dann lachte meine Mutter auf. «Aber wir können in ein paar Minuten essen», sagte sie.

«Wir essen vor dem Singen?», fragte Tante Uschi verwirrt. «Das gab es doch noch nie.»

«Doch!», sagte mein Bruder, der einen minuziösen Ablaufplan für das diesjährige Weihnachtsfest auf Basis einer empirischen Studie der letzten Jahre ausgearbeitet hatte. «Wir essen VOR dem Singen. Und machen NACH dem Singen die Bescherung.»

«Moment!», erwiderte Tante Uschi. «Ihr wollt mit dem Singen wirklich so lange warten?»

«Genau», erwiderte mein Bruder und erhob sich. «Mama, sollen wir dir in der Küche ...»

«Aber – das gab es doch noch nie!», protestierte Tante Uschi. «Wir haben immer nach dem Kaffee gesungen! Warum soll das jetzt auf einmal anders sein?»

«Das höre ich zu ersten Mal», meldete sich Oma Lilly. «Wir haben immer zuerst gegessen. Und dann war Bescherung.»

«Also nein! Zuerst war Bescherung. Und dann wurde gesungen. Und dann, vor der Kirche, haben wir gegessen», stellte Onkel Fred klar und schenkte sich einen Magenbitter nach.

«Aber das kann man doch auch mal ändern», versuchte meine Liebste zu vermitteln.

Tante Uschi warf ihr einen beleidigten Blick zu und öffnete den Mund.

Ich klatschte schnell in die Hände.

«Wie wäre es, wenn wir zwischendurch ein Spiel machen?», schlug ich heiter vor. «Stadt-Land-Fluss? Mensch ärgere dich nicht? Das Nasenspiel?»

«Einen Augenblick», sagte mein Vater. «Was ist denn eigentlich dabei, wenn wir dieses Jahr ausnahmsweise vor dem Essen singen? Nach diesem Essen geht es sowieso immer schlechter.»

«Was willst du damit sagen?», rief meine Mutter.

«Nun ja», erwiderte mein Vater und fing den warnenden Blick auf, den ich ihm zuwarf. «Nach dem Essen singt es sich eben nicht so leicht.»

«Papa!», raunte mein Bruder, leichte Schweißperlen auf der Stirn. «Wir haben drei Tage lang über den Ablauf des heutigen Tages gesprochen. Wir waren uns alle über die Reihenfolge einig. Du kannst jetzt nicht alles wieder in Frage stellen!»

«Aber wir können doch ein bisschen flexibel sein und Uschi

und Fred auch mal einen Gefallen tun, wenn sie schon hergekommen sind, um mit uns zu feiern», beharrte mein Vater. «Warum singen wir nicht ausnahmsweise zuerst?»

«Oder wir machen zuerst Bescherung», murmelte Onkel Fred. «Und dann singen wir. Und zum Schluss essen wir.»

«Nein!», rief Tante Uschi. «Das kann doch nicht sein, dass du das vergessen hast! Wir haben immer zuerst gesungen.»

«Wann haben wir einmal zuerst gesungen?», fragte Onkel Fred.

«Letzte Weihnachten!», rief Tante Uschi. «Vorletzte Weihnachten! Vorvorletzte Weihnachten …!»

Onkel Fred öffnete einen weiteren Magenbitter.

«Ich gehe jetzt in die Küche, und dann essen wir», rief meine Mutter.

Tante Uschi stöhnte auf. «Dass du immer deinen Kopf durchsetzen musst!»

«Lasst uns einfach so weitermachen, wie es geplant war», bat meine Liebste. «Komm, ich helfe dir in der Küche.»

Sie sprang auf und wollte meine Mutter behutsam durch die Küchentür schieben, als Tante Uschi rief: «Wollen wir nicht wenigstens bis zum Essen singen? Wäre das nicht ein Kompromiss?»

«Und wie bitte», fragte meine Mutter schroff, «soll ich gleichzeitig in der Küche das Essen vorbereiten und am Klavier sitzen und spielen?»

«Wir können doch auch einmal ohne Klavier auskommen», murrte Tante Uschi. «Oder ich spiele.»

«Ach so?», rief meine Mutter empört. «Du willst also nicht, dass ich Klavier spiele? Ist das der wahre Hintergrund?»

«Mama …», begann mein Bruder, «… die Enten. Solltest du nicht langsam in die Küche gehen?»

«Fall mir bloß nicht in den Rücken!», rief meine Mutter. «Warum will Uschi nicht, dass ich Klavier spiele?»

«Also ich bin dafür, bis zum Essen schnell die Bescherung zu machen», schaltete sich Onkel Fred ein.

«Was für ein Unsinn», sagte Oma Lilly. «Wir haben immer zuerst gegessen. Und dann war Bescherung. Und dann wurde gesungen. Und jetzt hört auf zu streiten. Weihnachten ist das Fest des Friedens und der Versöhnung.»

«Andersherum», sagte Onkel Fred. «Erst die Bescherung, dann das Essen.»

«Das ist doch unmöglich», echauffierte sich Tante Uschi. «Wir sind seit 40 Jahren verheiratet, und wir haben immer zuerst gesungen! Das ist Tradition! Was ist bloß mit dir los? Bist du schon völlig betrunken?»

«Bitte beruhigt euch», sagte meine Liebste. «Eine Tradition ist eine schöne Sache, aber wir feiern dieses Jahr alle zusammen, um…»

«Bei UNS», wiederholte Tante Uschi mit einem giftigen Seitenblick auf meine Liebste, «in UNSERER Familie war es immer Tradition! Und es gibt keinen vernünftigen Grund, das zu ändern!»

«Doch», lächelte mein Bruder und erhob sich zu voller Größe, «wir haben uns alles sehr genau überlegt, und der Ablauf, den wir uns ausgedacht haben, ist der optimale. Und jetzt machen wir weiter wie geplant.»

«Immer mit der Ruhe, wir sind doch nicht deine Studenten», tadelte mein Vater. «Wir könnten doch vielleicht wirklich schon mal singen, während ihr das Essen fertig macht.»

«Ohne Klavier?», fauchte meine Mutter.

«Warum nicht auch mal ohne Klavier?», fragte mein Vater. «Oder Uschi spielt.»

«Ich lasse diese Frau nicht an mein Klavier!», schnappte meine Mutter. «Und ich habe doch nicht wochenlang für euch Weihnachtslieder geübt, um jetzt abserviert zu werden!»

«Für die paar läppischen Liedchen musstest du üben?», feixte Tante Uschi. «Das ist ja lächerlich!»

«Schluss jetzt!», rief ich bestimmt, aber milde, wie ich es aus Fernsehserien kannte. «Ihr geht jetzt in die Küche, wir machen das Nasenspiel, und nach dem Essen machen wir mit dem Singen weiter!»

«Mit der Bescherung», wandte Oma Lilly ein. «Das war noch nie anders!»

«Jetzt wird es eben mal anders sein!», rief mein Bruder. «Mama, die Enten! Sie werden schwarz.»

«Hörst du auf, mich rumzukommandieren», rief meine Mutter und trat meiner Liebsten in den Weg, die unauffällig versuchte, um sie herum in die Küche zu gelangen. «Du hast in meiner Küche nichts zu suchen», zischte sie. «Nicht wenn diese Verwandten deines Schwiegervaters hergekommen sind, um unser Weihnachtsfest kaputt zu machen.»

«Das ist eine Unverschämtheit!», echauffierte sich Tante Uschi. «Wir wollen nichts, als in Frieden mit euch Weihnachten feiern!»

«Gut», rief ich aufspringend, «also wir spielen jetzt etwas, und gleich ist das Essen fertig!»

«Und wann gehen wir in die Kirche?», rief Oma Lilly.

«Wir könnten ja doch schnell ein paar Liedchen singen», schlug mein Vater vor.

«Papa!», sagte ich mit fester Stimme. «Wir halten uns daran, was wir ausgemacht haben!»

Der Bratengeruch, der durch die Tür kam, wirkte bereits etwas streng.

«Ich habe es befürchtet», sagte mein Vater, stand seufzend auf und holte die Gesangsbücher aus dem Regal. «Ich hatte so gehofft, dass wir diese Weihnachten ein einziges Mal in Frieden und Harmonie feiern, nur ein einziges Mal, aber ihr schafft es einfach nicht!»

«Das dauert mir hier alles zu lange. Ich fange jetzt mit der Bescherung an», kündigte Onkel Fred an, erhob sich und ging schwankend auf den Gabentisch zu.

Nun roch es eindeutig nach Verbranntem.

Meine Liebste umkreiste meine Mutter ein paarmal, um sie auszutricksen, und verschwand, als mein Vater und Tante Uschi «Stille Nacht, heilige Nacht» anstimmten, in der Küche. Meine Mutter folgte ihr, kam aber sofort wieder aus der Küche geschossen, stürzte ans Klavier und spielte mit vollem Pedaleinsatz «O du selige».

Oma Lilli schaltete ihr Hörgerät aus und begann laut zu beten. Onkel Fred fing an, wahllos Geschenke aufzureißen. Mein Bruder verließ mit rotem Kopf und türeknallend den Raum. Der Hund sprang unterm Tisch hervor und verschwand in der Küche, und ich fing alleine mit dem Nasenspiel an, bis meine Liebste kam und sich vor Empörung schnaubend neben mich setzte.

«Warum», sagte ich zu ihr, «warum feiern wir nächstes Weihnachten nicht endlich einmal alleine? Wir können dann ganz gemütlich und in Frieden erst singen, dann essen und zum Schluss die Geschenke aufmachen.»

«Du meinst sicher erst essen, dann singen und zum Schluss die Geschenke aufmachen», lächelte meine Liebste.

Vom Wahnsinn gepackt

Da ist es wieder», sagte meine Liebste, als ich nach Hause kam, und zeigte auf ein großes Paket, das in unserem Flur stand. «Hast du die Werkzeuge vom letzten Jahr noch?»

Ich nickte, etwas genervt.

Meine Liebste und ich bekommen jedes Jahr ein Paket von Tante Hiltrud und Onkel Willi. Ein Paket, das wir bis zum ersten Weihnachtsfeiertag geöffnet haben müssen, denn um genau 11 Uhr 45 ruft Tante Hiltrud an, um zu fragen, ob man sich auch freue.

Das zu sagen, fällt nicht immer leicht. Nicht nur des Paketinhalts wegen. Auch weil es fast unmöglich ist, an diesen Inhalt heranzukommen.

«Was wird es wohl diesmal sein?», fragte meine Liebste.

Ich hob das Paket an. Es war nicht sonderlich schwer. Der nicht mehr aktuelle Autoatlas vom letzten Jahr war deutlich schwerer gewesen.

«Eine Teekanne?», vermutete meine Liebste.

«Zu leicht», sagte ich. «Außerdem hatten wir vor zwei Jahren schon eine.»

Diese Teekanne oder das, was Tante Hiltrud und Onkel Willi dafür hielten, hatte Elefantenohrhenkel und grüngelbe Krönchen gehabt. Unsere Tochter wischte sie beim ersten Lauflernversuch vom Regal (ich hatte sie aus pädagogischen Gründen aufs unterste Bord gestellt).

«Was kann es dann sein?», fragte meine Liebste.

Meine Liebste ist zu neugierig für eine erwachsene Frau, vor allem, wenn es um Weihnachtspakete geht.

«Es wird nichts Besonderes sein», sagte ich. Das Aufregendste, das jemals in einem Paket von Tante Hiltrud und Onkel Willi steckte, war eine angeblich antiquarische Lampe mit einem angeblich echten Vogelknochenfuß; ich schenkte sie einem Kollegen, der in Rente ging und schon ziemlich schlecht sah. «Wollen wir uns nicht in den nächsten Tagen um das Paket kümmern?», fragte ich ohne große Hoffnung.

Meine Liebste runzelte die Stirn. Es hatte keinen Sinn.

«Na gut», seufzte ich. «Dann können wir das Zeug vielleicht wenigstens noch weiterverschenken.»

Wir sahen uns das Paket näher an. Auf jeder Außenseite prangte quer über allen Schnüren und Klebebändern ein überdimensionaler Adressaufkleber, der zum Schutz vor Wind, Wirbelstürmen und Krokodilen wiederum mit Unmengen von Schnüren und Klebebändern gesichert war.

«Teppichmesser?», fragte meine Liebste und öffnete den Werkzeugkasten.

Ich war froh, dass wir über einen Vorrat an Ersatzklingen verfügten; die Schnüre, mit denen die extradicke Schutzfolie über den Aufklebern festgehalten wurde, waren aus spezialbeschichteter Angelschnur, an der die Teppichmesserklingen reihenweise abbrachen.

Für die letzten zwei Aufkleber samt Befestigungen nahm ich unser altes Brotmesser mit dem Sägezahnschliff. Als ich endlich den letzten, zusätzlich nochmals verklebten Aufkleber mit der Zange abzog, war ich schweißgebadet.

Doch das war erst der Anfang. Unzählige Lagen Schnur waren dicht an dicht und kreuz und quer um das Paket gewickelt. Wobei von Schnur zu sprechen stark untertrieben war.

«Was ist das?», fragte meine Liebste. «Sind das plastiküberzogene Springseile? Oder fingerdicke Wäscheleinen?»

Vermutlich handelte es sich um reiß- und schnittfestes Material, das normalerweise für Fahrradschlösser oder in der Raumfahrt eingesetzt wurde, denn die Klinge des Brotmessers zersplitterte bereits beim dritten Ansetzen.

Nachdem wir noch unsere Küchenschere geopfert hatten und meine Hände höllisch schmerzten, ließ sich meine Liebste überreden, am folgenden Tag weiterzumachen.

Ich hatte nur nicht damit gerechnet, dass Tante Hiltrud in diesem Jahr bereits VOR Weihnachten anrufen würde. Dann nämlich, als ich am nächsten Tag gerade nach Hause kam und unvorsichtigerweise das Telefon abnahm.

«Ich habe euch doch ein Paket geschickt ...», begann sie.

«Oh ...», stotterte ich, «ja, wir freuen uns sehr! Wir sind nur noch nicht dazu gekommen, es auszupacken. Wir haben es für Heiligabend reserviert und werden es dann als allererstes öffnen.»

«Einen Augenblick noch ...», wollte Tante Hiltrud unterbrechen. Aber ich hatte keine Lust auf Vorhaltungen, warum wir mit dem Paketöffnen denn immer bis zur allerletzten Sekunde warten mussten.

«Wie gesagt», rief ich, «wir freuen uns schon unheimlich – oh, ich muss jetzt leider los, bin schon viel zu spät dran, mein Nachtdienst, also, wir telefonieren, tschühüs!»

Das Telefon klingelte noch zweimal an diesem Abend, aber wir gingen nicht dran.

Stattdessen fanden wir nach dem Verlust unserer kleinen Handsäge heraus, dass das beste Werkzeug für die Spezialschnur die große Drahtschere war, die ich in der hintersten Kellerecke gefunden hatte.

Nach zwei Stunden klebte meine Liebste mir dicke Pflaster auf die Blasen in meinen Handinnenflächen. Eine weitere Stunde später umwickelte sie die Winterhandschuhe an meinen Händen zusätzlich mit einem dicken Schal. Dennoch tropfte Blut von meinen Händen, als ich gegen Mitternacht die letzte Schnur durchzwickte.

«Lass dich morgen krankschreiben», bat meine Liebste, als sie mir ein Glas Wasser an den Mund setzte.

Ich dachte nicht daran; schließlich hatten wir es fast geschafft (im Büro würde ich andeuten, ich hätte in der U-Bahn einen Gewalttäter mit den Fäusten zur Räson gebracht): Unter der Schnur war das Paket: mit einer zentimeterdicken Schutzschicht aus Klebeband umwickelt; Tante Hiltrud und Onkel Willi mussten Tage dafür gebraucht haben. Für uns war das jedoch kein nennenswertes Hindernis mehr. Wir würden den Karton samt Klebeband einfach an den Kanten entlang aufschneiden.

Meine Liebste setzte die Stichsäge an. Als die ersten Nachbarn anriefen, um zu fragen, ob wir zu dieser späten Uhrzeit wahnsinnig geworden seien, hatten wir die Hälfte schon geschafft.

«Morgen», flüsterte ich der Liebsten im Bett zu und strich ihr mit meiner bandagierten Hand über die Wange, «morgen ist es endlich vorbei.»

«Ich bin schon so gespannt, was drin ist!», entgegnete sie.

«Mach dir bloß keine Hoffnungen», sagte ich. «Du wirst furchtbar enttäuscht sein.»

«Hältst du es denn nicht für möglich, dass sie uns wenigstens ein Mal etwas Schönes schenken?», fragte meine Liebste. «Nur ein einziges Mal?»

«Höchstens aus purem Zufall», sagte ich. «Warum zerstreiten wir uns nicht mit ihnen? Warum zerstreiten wir uns nicht mit ihnen, so wie sich meine Eltern mit ihnen zerstritten haben, damit uns diese alljährliche Qual in Zukunft erspart bleibt?»

Meine Liebste strich mir sanft über die Handverbände. «Wir haben es doch schon fast geschafft!»

Als ich am folgenden Abend nach Hause kam, empfing sie mich augenrollend.

«Deine Tante Hiltrud hat angerufen», erklärte sie. «Ich habe sie nicht zu Wort kommen lassen und dann behauptet, das Essen koche über. Aber bevor ich auflegte, hat sie noch geschrien, dass du sie unbedingt anrufen sollst, des Pakets wegen. Es sei sehr wichtig.»

Natürlich dachte ich nicht daran, sie zurückzurufen.

Ich hätte auch niemals daran gedacht, dass Tante Hiltrud mich auf dem Handy anrufen könnte, ich wusste nicht einmal, dass sie wusste, dass es Handys gab. Nur deshalb ging ich unvorsichtigerweise dran, als es am nächsten Tag – es war Heiligabend, und wir hatten uns gerade Frohe Weihnachten gewünscht – klingelte.

«Ich will nicht lange stören», begann Tante Hiltrud.

«Ach, du bist es», sagte ich, noch freundlich, aber schon ziemlich bestimmt. «Frohe Weihnachten! Wir konnten euer Paket noch nicht öffnen, obwohl wir es versucht haben. Es ist ziemlich gut eingepackt. Aber ich versichere dir, wir werden es, wie mehrfach angekündigt, noch heute Abend öffnen. Und morgen um 11 Uhr 45 telefonieren wir und sagen dir dann, wie wunderbar euer Geschenk mal wieder ist, in Ordnung?»

«Aber ...», wollte Tante Hiltrud protestieren.

«Hallo! Hallo?», rief ich. «Tante Hiltrud, ich höre dich

nicht mehr ... Hörst du? Ich höre dich nicht mehr! Das muss an Heiligabend liegen. Lass uns morgen telefonieren, dann ist der Empfang sicher besser. Morgen! Morgen!»

Wir dachten nicht lange darüber nach, was unsere Nachbarn sagen würden, wenn wir auch an Heiligabend mit der Stichsäge herumlärmten. Wir hatten keine andere Wahl; das unablässig klingelnde Telefon mussten wir, Tante Hiltruds wegen, ohnehin ignorieren.

«So», rief meine Liebste schließlich und setzte die Säge ab, woraufhin auch das Wummern gegen unsere Wohnungstür erstarb. «Endlich!»

Erleichtert riss sie den Deckel des Kartons auf – und stieß einen Schrei aus.

«Socken?», rief meine Liebste fassungslos. Sie hielt einen zerfledderten roten Wollstrumpf und eine ausgebleichte schwarze Herrensocke hoch.

«Moment», sagte ich nach einer Pause, «vielleicht ist das nur das Füllmaterial?»

«Du hast recht», sagte sie nach kurzem Wühlen erleichtert. «Hier sind noch Putzlappen, ein altes Handtuch und Zeitungen. Und hier ist noch etwas, etwas Schweres.»

Sie kippte den Inhalt des Kartons vorsichtig auf den Fußboden, wobei sich herausstellte, dass sich im unteren Teil der Kiste massenweise Styroporkügelchen befanden, die sofort in sämtliche Ritzen unseres Holzbodens rollten. Der schwere Gegenstand war aus Holz.

«Das gibt es doch nicht!», sagte meine Liebste. «Das ist noch eine Kiste. Eine gutvernagelte Holzkiste! Das kann doch nicht sein!»

«Diese Sadisten», sagte ich. «Komm, es ist spät und es ist Heiligabend. Morgen früh gehe ich zu Anastasios runter. Der

hat eine hervorragende Kreissäge, damit lässt sich diese ver-
dammte Kiste in zehn Sekunden öffnen.»

«Am ersten Weihnachtsfeiertag?», fragte meine Liebste
zweifelnd.

Als das Telefon wieder begann zu klingeln, griff sie zer-
streut hinter sich und nahm ab. Natürlich war es Tante Hiltrud. Tante Hiltrud, die unbedingt über das Paket sprechen
wollte.

Ich unterdrückte einen Fluch und nahm den Hörer entgegen.

«Tante Hiltrud, so eine Überraschung. Du schon wieder!»,
rief ich. «Wir haben uns ganz unheimlich doll über euer Geschenk gefreut. Aber das habt ihr euch ja sicher schon gedacht.
Ja, es ist großartig, es ist phantastisch! Oh … Entschuldige, ich
muss aufhören, auf der zweiten Leitung kommt gerade ein
wichtiger Anruf! Wir telefonieren morgen nochmal ausführ-
licher, ja? Liebe Grüße an Onkel Willi! Tschühüs!»

Später, als wir vor dem erleuchteten Weihnachtsbaum
saßen, ertappten wir uns immer wieder dabei, dass unser Gespräch erstarb und wir die Holzkiste betrachteten.

«Vielleicht kriegen wir sie auch mit der Stichsäge auf?»,
fragte meine Liebste schließlich. Es war ohnehin zu spät, um
auf die Nachbarn Rücksicht zu nehmen.

Nach drei kaputten Sägeblättern fiel endlich der Deckel der
Holzkiste ab, und wir stürzten uns auf den Inhalt.

Zuoberst lag die übliche Weihnachtskarte. Darunter war
Holzwolle.

Ich fasste hinein. Es war nichts weiter drin. Ich durch-
wühlte die Holzwolle.

Nichts.

Meine Liebste fasste hinein.

Nichts.

Ich kippte den Inhalt der Kiste zu all dem anderen Füll- und Verpackungsmaterial auf den Fußboden.

Nichts!

Während ich rasend vor Wut auf die Holzkiste eintrat, rief meine Liebste bei Tante Hiltrud an. Bleich kam sie zurück.

«Sie wollte es uns die ganze Zeit sagen», flüsterte sie. «Sie hat in der Eile vergessen, unser Geschenk einzupacken … Und sie haben uns noch ein Paket hinterhergeschickt!»

Stalking Claus

Dieses eine Mal wollten wir Weihnachten ganz anders verbringen. Mit Freunden in einem schönen Hotel auf Mallorca, ohne den üblichen Schneeregen, ohne den üblichen Baum – vor allem aber ohne all die üblichen fürchterlichen Verwandten.

«Das stimmt nicht», sagte Janina, die Tochter unserer Freunde, als wir am ersten Tag zusammen beim Frühstück saßen. «Ich habe Onkel Rudolf gesehen!»

Manuel und Kerstin hielten kurz die Luft an, dann begannen sie ostentativ zu lachen.

«Du hast dich sicher getäuscht», sagte Kerstin und streichelte Janina über den Kopf. «Onkel Rudolf ist weit weg.»

«Zum Glück ist er das!», ergänzte Manuel.

«Aber ich habe ihn gesehen», beharrte Janina. «Bei den Fahrstühlen!»

Kerstin nahm sie lächelnd an die Hand und ging mit ihr das Frühstücksbüfett auf Muffins und Nutella inspizieren.

«Wer ist denn Onkel Rudolf?», fragte ich Manuel.

«Ach, nur ein Onkel von mir», sagte er leichthin.

«Ist er so schlimm?», fragte meine Liebste.

Manuel lächelte tapfer. «Was er tut, hört sich nicht so schlimm an. Aber es ist die Hölle!»

Wir schwiegen gespannt.

«Und was – tut er?», fragte ich nach einiger Zeit.

Manuel holte tief Luft. «Er spielt den Weihnachtsmann.»

Wir starrten ihn an.

«Entschuldige, wenn ich frage», sagte meine Liebste dann vorsichtig. «Aber was genau ist daran so schlimm?»

«Er hält sich tatsächlich für den Weihnachtsmann. Seit Jahren kommt er jedes Jahr wieder, obwohl Janina längst nicht mehr daran glaubt», sagte Manuel. «Obwohl wir ihm gesagt haben, dass wir das nicht möchten. Obwohl wir ihm irgendwann ausdrücklich verboten haben, das zu tun. Umsonst. Er kommt jede Weihnachten wieder.»

«Jede Weihnachten?», fragte ich. «Obwohl ihr es nicht wollt?»

«So ist es», sagte Manuel. «Wir haben alles versucht. Ich habe ihn angeschrien. Ich habe ihm sogar Hausverbot erteilt. Aber er hat nur gesagt, ich sei ein böser Junge und bekäme im nächsten Jahr keine Geschenke ... »

»Und?», fragte meine Liebste. «Hast du wirklich keine Geschenke bekommen?»

Manuel starrte sie konsterniert an.

«Entschuldige», sagte meine Liebste.

«Wir haben ihm die Tür nicht aufgemacht», fuhr Manuel fort. «Er hat die ganze Nacht lang Sturm geklingelt und dann, morgens um sechs, wir hatten uns gerade hingelegt, ist er durchs Badezimmerfenster gekommen.»

«Durchs Fenster?», fragte ich ungläubig. Unsere Freunde wohnten im zweiten Stock.

«Er sagte, der Weihnachtsmann käme zwar normalerweise durch den Kamin, aber bei uns würde er eine Ausnahme machen», seufzte Manuel.

Meine Liebste und ich sahen einander an.

«Lacht nicht!», rief Manuel. «Was sollen wir machen? Ihn wegen Stalkings anzeigen? Ihm von einem Richter verbieten lassen, sich uns zur Weihnachtszeit auf weniger als 100 Meter zu nähern? Ich hoffe, dass Janina sich geirrt hat.»

«Kerstin und Manuel haben diesen Urlaub bitter nötig», sagte meine Liebste, als wir wieder in unserem Zimmer waren. «Sie wirken etwas überspannt.»

Auch Janina schien traumatisiert zu sein. Als wir uns vor dem Abendessen im Schwimmbad trafen, behauptete sie, Onkel Rudolf sei bei unserem Eintreten von einer der Badeliegen aufgesprungen und habe sich fluchtartig in die Duschen verzogen. Manuel und Kerstin lachten schon weniger. Und als wir abends im Hotelrestaurant bei Paella und Rotwein saßen, stieß sie plötzlich einen gellenden Schrei aus.

«Da!», rief sie. «Da! Da ist Onkel Rudolf!»

Kerstin fuhr zusammen. Manuel spähte nach allen Seiten.

Einzig meine Liebste und ich bewahrten einen kühlen Kopf und fragten Janina, wo sie denn den Onkel nun schon wieder gesehen habe.

«Nicht gesehen», sagte Janina aufgeregt. «Gehört! Er hat mit seiner kleinen Glocke geläutet ...»

«Das kam aus der Küche», erklärte meine Liebste. «Ein Signal für den Service, dass ein Essen fertig ist ...»

«Hoffentlich hast du recht», sagte Kerstin schaudernd, «Onkel Rudolf hat auch so eine Glocke. Und schon Tage vor Heiligabend verfolgt er uns damit. Vorletztes Jahr lief er in Janinas Schule immer wieder bimmelnd durch die Gänge und machte Kinder und Lehrer wahnsinnig – sie dachten abwechselnd, der Eismann käme, oder es sei Feueralarm. Letztes Jahr schlich er sich dann in meine Firma. Er erzählte den Leuten vom Sicherheitsdienst, ich hätte mir das Geläute ausdrücklich gewünscht!»

Meine Liebste streichelte beruhigend ihre Hand. Ich ging

mit Janina zur Hotelküche, um die Sache aufzuklären und zu fragen, ob man uns die Glocke kurz zu Anschauungszwecken leihen könne.

«Nein», sagte der Mann, der hinter der Durchreiche stand, mit runden, erstaunten Augen. «Wir verwenden hier keine Glocke. Haben Sie eine Glocke gehört?»

«Ja», sagte Janina. «Ganz deutlich!»

«Vielleicht ... », sagte dieser Schwachkopf und zwinkerte mir hinter Janinas Rücken zu, «vielleicht ist der Weihnachtsmann hier irgendwo in der Nähe?»

«Onkel Rudolf!», schrie Janina, als wir zum Tisch zurückkehrten. «Der Mann in der Küche hat gesagt, er ist hier!»

«Nein, das hat er nicht gesagt», korrigierte ich.

«Ich würde es ihm zutrauen», sagte Manuel.

«Manuel», sagte ich und legte ihm den Arm um die Schultern. «Ihr habt offenbar ziemlich gelitten unter den Späßen dieses Onkels. Aber ihr solltet versuchen, euch zu entspannen. Ihr seid hier auf Mallorca, und er ist weit weg!»

Meine Liebste und ich achteten im Verlauf des Abends sehr drauf, dass bei uns am Tisch nicht über Onkels oder Weihnachtsmänner gesprochen wurde, was wegen des gelegentlichen Gebimmels im Hintergrund zugegebenermaßen nicht ganz leicht war.

Am nächsten Morgen kamen wir kurz nach unseren Freunden an den Frühstückstisch, gerade noch rechtzeitig, um zu hören, wie Kerstin einen leisen Schrei ausstieß.

«Was ist?», fragte meine Liebste.

Manuel hob wortlos und mit ausgestrecktem Arm etwas hoch, das auf dem Tisch lag. Vorsichtig nahm ich den Gegenstand in Augenschein. Es war ein handelsüblicher Schokoladenweihnachtsmann.

«Also doch», sagte Manuel finster. «Er ist hier!»

Meine Liebste erklärte, das hier sei sicher nichts weiter als eine nett gemeinte Aufmerksamkeit des Hotels, denn immerhin sei heute Heiligabend.

«Ihr habt keine Ahnung», sagte Manuel, stand auf und blickte sich zu allen Seiten um. «Das macht er immer, bevor er kommt und einen blamiert.»

«Blamiert?», fragte ich.

Manuel ließ sich wieder auf seinen Stuhl fallen. «Er kommt in seiner Weihnachtsmannkluft mit Rauschebart. Ganz am Anfang, das war ja noch in Ordnung, kam er nur zu uns nach Hause und las uns und allen Verwandten Unsinn aus seinem goldenen Buch vor. Aber seit wir ihn gebeten haben, nicht mehr den Weihnachtsmann zu spielen, taucht er plötzlich überall auf.»

«Überall?», fragte meine Liebste.

«Anfangs beschränkte er sich auf Janina», erzählte Kerstin. «Er kam mitten im Unterricht in ihr Klassenzimmer und sagte vor allen Kindern, Janina sei sehr ungezogen gewesen und habe ihrem Lieblingsonkel – dafür hält er sich noch immer – eine Schüssel mit roter Grütze aus dem Kühlschrank weggegessen.»

«Und das stimmte nicht?», fragte meine Liebste.

«Na ja, Janina hatte das tatsächlich einmal gemacht», sagte Kerstin. «Aber das ist Jahre her! Dann erzählte er noch, dass Janina ihre Hausaufgaben schon ein paarmal abgeschrieben habe, weil ihre Eltern von Mathe keine Ahnung und nur über den Trottel von Lehrer geschimpft hätten. Das Ganze verlas er in Anwesenheit des Mathelehrers …»

Wir nickten mitfühlend.

«Als wir Onkel Rudolf ultimativ baten, seine Weihnachtsmannvorstellungen sein zu lassen, tauchte er bei mir im Büro auf», erzählte Kerstin weiter. «Kam in mein Zimmer marschiert, ich hatte gerade meine Sekretärin da, zückte sein Buch und las vor, ich sei oft launisch, schwachnervig und gereizt und habe einen lieben Verwandten, damit meinte er sich selbst, grundlos vor die Tür gesetzt.»

«Mir hat er morgens im Bus aufgelauert», ergänzte Manuel. «Er erzählte allen, ich sei schon als Kind ein Choleriker gewesen und müsse an mir arbeiten, wenn ich im Erwachsenenleben keine Probleme bekommen wolle. Einige Mitfahrer dachten, sein Outfit sei eine Vorweihnachtsaktion der Verkehrsbetriebe. Andere vermuteten absurdes Theater oder Inkassobüro.»

«Hat er denn auch wirklich Geschenke dabei?», fragte meine Liebste.

«Nüsse», sagte Kerstin. «Aber wir haben noch nie welche bekommen, weil wir angeblich nicht brav genug waren.»

Mir fiel auf, dass wir alle mittlerweile wesentlich schneller aßen als zu Beginn des Frühstücks. Nicht schnell genug.

«Hohoho!», rief eine dunkle Stimme, und am Eingang des Frühstücksraums erschien eine Gestalt mit rotem Mantel, weißem, wallendem Bart und einem Glöckchen in der Hand.

«Hohoho!», rief die Gestalt. «Hohoho!»

Wir fanden unsere Freunde geduckt hinter einer Sitzgruppe in der Lobby. Sicherheitshalber begleitete ich den zu allem entschlossenen Manuel zur Rezeption, wo er sich bebend vor Zorn erkundigte, in welchem Zimmer des Hotels sein Onkel Rudolf wohne. Der Rezeptionist konnte einen Herrn dieses Namens nicht finden.

«Er ist auch noch unter falschem Namen abgestiegen!», knirschte Manuel.

«Vielleicht wohnt er gar nicht hier im Hotel?», vermutete ich.

«Sagen Sie», wandte sich Manuel an den Rezeptionisten, «der Weihnachtsmann, der bei Ihnen im Frühstücksraum wütet – ist der von draußen gekommen?»

Im selben Augenblick erklang ein lautes «Hohoho!». Aus dem Frühstückssaal stürmte der Weihnachtsmann von gerade eben, schwang sich auf ein Steckenpferd mit Rentierkopf, trabte mit wehendem Mantel unter lauten «Hüah-hüah»-Rufen dreimal um die Lobby, versprengte eine Gruppe eincheckender Japaner und verschwand winkend und in gestrecktem Galopp in einem Seitengang.

«Weihnachtsmann?», erwiderte der Rezeptionist und sah uns mit runden erstaunten Augen an. «Welcher Weihnachtsmann?»

Nur Sekunden später schoss Onkel Rudolf lauthals wiehernd aus einem anderen Seitengang, rannte eine Bedienung über den Haufen, winkte Janina zu, die versuchte, sich an der Schulter ihres Vaters zu verstecken, und galoppierte zungenschnalzend durch die Tür nach draußen.

«Lass uns abreisen», sagte Kerstin zu Manuel. «Auf der Stelle!»

«Niemals», sagte Manuel erbleichend, «diesen Gefallen tue ich ihm nicht!»

Wir einigten uns darauf, zum Mittagessen in ein malerisches Restaurant auf der anderen Seite der Insel zu fahren; und zwar sofort.

Unsere Freunde bestanden darauf, nicht den Aufzug in die Tiefgarage zu nehmen, sondern die Treppe. Als wir dort Getrappel und Glockengeklingel hörten, drehten wir um.

Obwohl wir um die Wette auf sämtliche Halteknöpfe einschlugen, dauerte es eine Ewigkeit, bis ein Fahrstuhl hielt. Er war besetzt von einer Gruppe angeheiterter Engländer.

Warum sie angeheitert waren, stellte sich umgehend heraus.

«Hohoho!», deklamierte Onkel Rudolf in ihrer Mitte. «Von drauß' vom Walde komm ich her. Ich muss euch sagen: Es weihnachtet sehr. Allüberall auf den Tannenspitzen sah ich goldene Lichtlein blitzen. Und oben aus dem Himmelstor sah mit groooßen Augen ...»

Es dauerte eine weitere Ewigkeit, bis der Aufzug in der Tiefgarage hielt. Wir verließen ihn im Laufschritt, unter freundlichem Gelächter der Engländer und mit lauten «Hüah-hüah»-Rufen verfolgt von Onkel Rudolf.

Wir schafften es, uns knapp vor ihm in unseren Mietwagen zu werfen. Mit quietschenden Reifen raste ich aus der Tiefgarage und bog auf die schmale Küstenstraße ein.

«Ein Wagen folgt uns», sagte Manuel auf der Rückbank. «Fahr schneller!»

Ich hatte eine andere Idee. Nach der nächsten Kurve fuhr ich sofort rechts ran. Onkel Rudolf wäre fast vorbeigefahren.

«Hohohoho!», rief er, sprang aus seinem Auto und wollte sich sein Rentierpferd zwischen die Beine klemmen.

Ich trat ihm entgegen.

«Das Spiel ist aus, Onkel Rudolf!», donnerte ich und riss mit einer einzigen Bewegung seinen weißen Bart herunter.

«Tun Sie mir nichts», flehte der Mann von der Essensdurchreiche im Hotel. «Wir wollen doch nur unseren kleinen Gästen zu Weihnachten eine Freude machen ...»

Umtausch inkognito

Als ich am ersten verkaufsoffenen Tag nach Weihnachten in die Innenstadt kam, strömte ins Kaufhaus schon eine Flut von vermummten Gestalten mit Tüten und Paketen.

Ich suchte mir einen ruhigen Platz in einem Hauseingang und rief noch einmal bei Tante Emilie an.

«Hallo, Tante Emilie», säuselte ich in den Hörer. «Schönes Wetter, nicht wahr? Was unternimmst du heute so?»

«Ich sitze im Wintergarten in der Sonne. Mit eurem Geschenk. So eine wunderschöne Vase! Aber was macht mein Geschenk?»

«Oh, dein Geschenk. Wir haben diesen tollen Porzellanpudel noch auf unserem Frühstückstisch stehen und bewundern ihn von allen Seiten», log ich und versuchte, meiner Stimme einen gerührten Klang zu geben. «Und gleich suchen wir ihm einen sehr schönen Platz.»

«Aber einen sicheren», rief Tante Emilie. «Er war sehr teuer!»

«Natürlich, Tante Emilie, natürlich», beteuerte ich. «Einen sehr sicheren!»

Der Informationsschalter des Kaufhauses war dicht umlagert. «Umtausch ohne Kassenzettel aus Kulanz an der Sammelkasse im Tiefgeschoss», schrie eine heisere Mitarbeiterin immer wieder.

Mit hochgezogenem Schal und tief ins Gesicht gezogener Mütze reihte ich mich in die Schlange im Tiefgeschoss ein.

«Du auch hier?», fragte mich ein Unbekannter, der sich ohne Schlapphut als mein Kumpel Oliver entpuppte.

«Ja, leider», sagte ich, öffnete meine Tüte und ließ ihn einen Blick auf den Porzellanpudel werfen. Oliver erschauderte. Dann wies er auf die Tasche in seiner Hand.

«Eine Schnapsglassammlung mit Geierwappen von meinem Bruder.»

«Warum mit Geierwappen?», fragte ich.

Oliver zuckte die Schultern. «Das Problem bei solchem Kram ist: Man kriegt ihn nicht mal im Internet los. Und selbst wenn, ist das gefährlich. Erinnerst du dich an Marcel? Der hat von seiner Erbtante ein Benimmbuch bekommen. Er hat es am selben Abend bei eBay eingestellt und dazu geschrieben, es sei so abgrundtief schwachsinnig, dass es schon wieder Seltenheitswert habe.»

«Gab es Interessenten?», fragte ich.

«Seine Erbtante», sagte Oliver und zuckte plötzlich zusammen. «Mein Bruder», zischte er und verschwand mit großen Sätzen in der Miederwarenabteilung.

Während ich weiter vorrückte, entdeckte ich weiter hinten in der Schlange eine Frau, die mich stark an Tante Emilie erinnerte. Noch dazu war die Art, wie sie ihre Brille geraderückte und sich wiederholt umsah, genau so, wie es Tante Emilie getan hätte, wenn sie mich in flagranti beim Umtausch ihres Geschenks hätte ertappen wollen.

Nur um mich zu beruhigen, wählte ich ihre Nummer.

Die Frau mit der Brille zog ein Handy hervor.

«Falsch verbunden», flüsterte ich mit belegter Stimme und unterbrach die Verbindung.

Ich sah, wie Tante Emilie mehrfach etwas in ihr Handy rief und sich dann misstrauisch umblickte.

Geduckt zog ich mich hinter einen Ständer mit zerfledderten Weihnachtskarten zurück. Von dort konnte ich sehen, wie sie ihr Opernglas aus der Handtasche zog und in alle Richtungen spähte.

«Kann ich Ihnen helfen?», fragte hinter mir eine Verkäuferin und zog den Kartenständer zur Seite. Ich sprang schnell hinter den nächsten.

«Könnten Sie vielleicht diesen Porzellanpudel für mich umtauschen?», erkundigte ich mich und zog das Monstrum aus der Tüte, während ich mit den Beinen den Kartenständer umklammerte.

Sie wandte sich angewidert ab, vermutlich, um Verstärkung zu holen.

Aus einem der Kleiderrondelle mit Damennegligés hatte man, wenn man die Knie etwas beugte, ohnehin einen besseren Blick. Ich teilte mir das Rondellinnere mit einer jungen Frau, die tränenüberströmt ihren Verlobten beobachtete, und einem älteren Paar, das beschloss, seinem undankbaren Neffen, der mit seiner neuen Krawattensammlung an der Kasse stand, nichts, aber auch gar nichts zu vererben.

Allmählich schmerzten meine Knie.

Als ich mich kurz aus der Hocke aufrichtete, sah ich mich einer Frau gegenüber, die sich ein Spitzennachthemd vor die Brust hielt. Mit geweiteten Augen starrte sie mich an.

«Ich bin nur wegen meiner Tante hier!», erklärte ich schnell. Sie begann, mit dem Kleiderbügel auf mich einzuschlagen.

Es gelang mir schließlich, in einem der benachbarten Rondelle unterzutauchen, aber Tante Emilie hatte verdächtig gestutzt. Schlimmer noch, ich bemerkte, dass sie mit ihrem Opernglas genau in meine Richtung starrte. Dann zückte sie ihr Handy und in meiner Brusttasche klingelte es.

Und sie steuerte mit energischen Schritten genau auf mich zu.

Hastig floh ich in die nächstbeste Umkleidekabine. Drei Leute standen darin – eine Frau und zwei Männer, einer von ihnen war Oliver.

«Mein Bruder ist gerade weg», raunte er und spähte durch den Vorhangschlitz nach draußen, «zu blöde, dass ich mich wieder ganz hinten anstellen muss.»

«Müssen Sie nicht», flüsterte der andere, vollbärtige Mann, der Mütze und Kopfhörer trug. «Wir haben überall in der Schlange unsere Leute postiert.»

«Wer ist ‹wir›?», fragte ich.

«Das tut nichts zur Sache», sagte der Bärtige. «Nur so viel: Wir leben von Menschen, die nicht mit scheußlichen Geschenken leben wollen. Sie können beispielsweise den Platz der Frau in Weiß einnehmen. Oder den des jungen Manns mit der speckigen Jacke, der schon fast dran ist.»

Mir kam eine Idee.

«Könnte ich ihren Mitarbeitern mein Geschenk zum Umtauschen auch übergeben? Wissen Sie, meine Tante ... »

«Natürlich können Sie das», nickte der Bärtige und raunte einen Betrag.

Die Frau holte seufzend ein Bündel Scheine aus der Tasche und drückte es dem Bärtigen zusammen mit einer überdimensionalen Kuckucksuhr in die Hand.

Der Mann starrte sie an, riss sich Mütze und einen falschen Bart herunter und brüllte wütend: «Julia! Wie kannst du mir das antun?»

«Ramon!», schrie die Frau zurück. «Du bespitzelst mich! Du belügst mich! Und wenn du mich wirklich lieben würdest, wüsstest du, dass diese Uhr abscheulich ist!»

Im folgenden Schlagabtausch raffte ich Mütze und Bart an mich und verließ die Umkleidekabine gerade noch rechtzeitig, bevor das Kaufhauspersonal sie stürmte.

Obwohl Tante Emilie nirgendwo mehr zu sehen war, fühlte ich mich wesentlich besser, als ich mich verkleidet in die Schlange einreihte.

Die Kassiererin nahm den Porzellanpudel mit einem mitfühlenden Lächeln zurück.

Pfeifend entledigte ich mich meiner Kostümierung, drehte mich um – und blickte direkt in Tante Emilies Gesicht.

«Du? Du … du warst es also doch», stammelte sie. «Ich wollte nur … Ich dachte nur … Also, ich habe doch schon so viele Vasen …»

Erst jetzt sah ich, was sie in den Händen hielt. Die Vase. Unsere Vase. Diese herrliche Vase, die meine Liebste und ich mühsam ausgesucht und ihr liebevoll geschenkt hatten!

Weitere Titel von Mark Spörrle

Aber dieses Jahr schenken wir uns nichts!

Der Baum ist schief!

Ist der Herd wirklich aus?